ISBN 978-3-8434-1108-0

Roland Rauter
einfach vegan – Die feine Küche
Chic kochen für Freunde und Familie

Umschlag & Satz: Silja Bernspitz, Schirner
Fotografien: Alexandra Schubert, www.myshoots.de
Redaktion: Katja Hiller, Schirner
Printed by: ren medien, Filderstadt, Germany

www.schirner.com

1. Auflage November 2014

Roland Rauter

einfach vegan

Die feine Küche

Chic kochen für Familie und Freunde

Schirner Verlag

Vorspeisen

Suppen

Hauptspeisen

Nachspeisen

Extras

guten Appetit!

Mein Lieblingssushi

Feiner, veganer Genuss

»Einfach vegan – die feine Küche« – als ich mich mit dem Verlag auf das Konzept zu meinem neuesten Buch geeinigt hatte, war ich zuerst Feuer und Flamme. Meine Fotografin, Alexandra Schubert, war ebenfalls begeistert, und wir legten sofort los. Doch unsere ersten Bilder sahen ganz anders aus als die, die Sie jetzt im Buch finden. Meine ursprüngliche Intention war: Ich präsentiere edle, teure und ausgefallene Produkte, alles akkurat angerichtet, jedes Blättchen genau geplant. Die Soße perfekt abgestimmt … Also machte ich mich an die Arbeit. Trüffel, wilder Spargel, Weinbergknoblauch & Co waren eingekauft.

Aber einige Tage nach dem ersten Shooting begann es in mir zu arbeiten. Was bedeutete feine Küche eigentlich für mich? Früher, als ich noch in der Restaurantküche stand, hätte ich sofort gesagt: Ja, genau das. Aber heute ist die feine Küche für mich etwas anderes. Ich habe mich gefragt, was mich in einem Kochbuch inspirieren würde. Sind das noch die Trüffel? Meine ehrliche Antwort lautete: Nur noch bedingt. Vom Feinsten, das sind für mich heute die ganz alltäglichen Dinge. Die Produkte, die man überall kaufen kann, die regional erzeugt werden – von Produzenten, die ihr Handwerk verstehen und die lieben, was sie tun.

Feine Küche bedeutet für mich wirklich frische und hochwertige Zutaten, die klar und doch kreativ zubereitet werden. Verstehen Sie das bitte nicht falsch. Ich kaufe nach wie vor manchmal Trüffel & Co und kann es dann oft kaum erwarten, meine »Beute« zu Hause in der Küche zu verarbeiten. Jedoch habe ich sie weitestgehend aus diesem Buch verbannt, weil ich Ihnen etwas anderes zeigen möchte. Nämlich meine feine Küche heute, mit wenigen Zutaten und nicht zu aufwendig angerichtet. Aber doch mit etwas Chic – eben so, dass jeder es nachkochen kann und nicht durch eine komplizierte Erklärung und lange Schritt-für-Schritt-Bildreihen abgeschreckt wird. Ich möchte Ihnen Lust machen, alles auszuprobieren. Mein Buch soll Sie dazu motivieren und inspirieren, alltägliche Produkte schön und kreativ angerichtet zu servieren. Das ist für mich vom Feinsten – der Luxus des Einfachen!

In kulinarischer Verbundenheit
Roland Rauter

Einige Hinweise und Tipps

Als Erstes vorweg: Alle Gerichte sind für vier Personen zusammengestellt. Falls das einmal nicht der Fall sein sollte, finden Sie einen entsprechenden Hinweis beim Rezept. Viele Vorspeisen können Sie auch als Hauptgang servieren, andersherum funktioniert das natürlich auch. Zum Beispiel können Sie die Bohnensuppe mit gerösteten Schwarzbrotscheiben oder das Gemüse im Haselnussbackteig mit Kräuterkartoffeln oder mit einem schönen Blattsalat mit Kürbiskernöl wunderbar als Hauptspeise servieren. Die Rote-Bete-Ravioli einfach in Olivenöl mit etwas Salbei geschwenkt und mit ein paar zart gerösteten Pinienkernen obenauf – schon können Sie sie als Hauptgang reichen. Die Mohnpfannkuchen sind vor allem für Kinder eine tolle Hauptspeise. Das Kürbisrisotto fühlt sich vorneweg oder im Hauptgang immer wohl, und die glasierte Rote Bete auf Topinamburpüree ist als Vorspeise auch ein Hingucker.

Ein Thema, das mir besonders am Herzen liegt, sind die Mengenangaben. Wenn in einem Rezept 30 g Zwiebel steht und die ganze Zwiebel aber 40 g wiegt, verwenden Sie einfach 40 g. Das Gericht wird trotzdem gelingen und toll schmecken. Ich finde, dass die Lust am Kochen verloren geht, wenn alles standardisiert und auf das Gramm genau abgewogen und verarbeitet wird. Entwickeln Sie viel lieber Ihren eigenen Stil, und kochen Sie einfach! Was soll dabei schon schiefgehen? Sie können immer etwas lernen und sich weiterentwickeln.

Trotz allem möchte ich Ihnen mit einer kleinen Übersicht zu den Mengenangaben helfen, ein Gefühl dafür zu entwickeln, was wie viel wiegt. Dann müssen Sie nicht immer alles abwiegen und können leichter kreativ arbeiten. Die folgenden Werte beziehen sich auf die durchschnittliche Größe der Gemüsesorten:

1 Knollensellerie	ca. 300 g
1 Aubergine	ca. 300 g
1 Zucchino	ca. 150 g
1 Fenchel	ca. 130 g
1 Lauch	ca. 120 g
1 Kohlrabi	ca. 100 g
1 Karotte	ca. 80 g
1 Tomate	ca. 60 g
1 Zwiebel	ca. 40 g

Das Wichtigste in der feinen Küche ist aus meiner Sicht die Qualität der Produkte und der Umgang mit ihnen.

Die Hauptdarsteller

GEWÜRZE

Kaufen Sie nach Möglichkeit kleine Verpackungseinheiten, auch wenn diese im Verhältnis etwas teurer sind. Große Verpackungen aufzubrauchen dauert oft länger, und die Gewürze büßen je nach Lagerung ihre Qualität rasch ein. Kaufen Sie Gewürze nicht gemahlen. Nutzen Sie am besten Gewürzmühlen und einen Mörser, um Samen und Körner frisch zu verarbeiten.
Testen Sie auch erst einmal verschiedene Marken, denn nicht immer ist ein hoher Preis ein Garant für hohe Qualität und den besten Geschmack. Lagern Sie Gewürze immer in verschließbaren Gefäßen, kühl und vor Licht geschützt.

KRÄUTER

Durch die Verwendung von Kräutern können Sie beim Kochen gut Salz einsparen, zudem bringen Kräuter Farbe und Aroma in Ihre Küche. Schneiden oder hacken Sie frische Kräuter immer erst kurz vor dem Verwenden bzw. dem Anrichten mit einem scharfen Messer. Die ätherischen Öle, die für den Geschmack verantwortlich sind, verfliegen sonst. Kochen Sie frische Kräuter nicht zu lange, oft entwickelt sich sonst ein bitterer Geschmack. Probieren Sie auch immer mal neue Kräuterkombinationen aus, und verwenden Sie Kräuter, die sonst nicht typisch für Ihre Küche sind. So werden Sie viele neue Geschmackserlebnisse in Ihre alltäglichen Gerichte zaubern. Wenn Sie frische Kräuter ernten, zerkleinern Sie den Überschuss und frieren ihn am besten ein. Ich verwende dafür Eiswürfelformen. So habe ich die Kräuter gleich in der optimalen Menge portioniert. Sie ersparen sich auch den bekannten Suppenwürfel, wenn Sie gleich Ihre Suppenkräutermischung einfrieren.

ÖLE

Es gibt viele wunderbare Öle auf dem Markt, die wirklich von beeindruckender Qualität und Geschmacksintensität sind. Die meisten Öle sollten nicht erhitzt werden, nur so erhalten Sie deren wertvolle Inhaltsstoffe. Wenn Öl überhitzt, raucht es, und in der Küche riecht es übel. Wenn das geschieht, beginnen Sie noch einmal von vorn. Hochwertige Öle sollten auf keinen Fall zum Frittieren verwendet werden, dafür gibt es eigens Öle, auch hier in verschiedenen Qualitäten. Je nachdem, was Sie frittieren oder backen möchten, empfiehlt es sich, feste Fette wie Palm- oder Kokosfett zu verwenden. Sie besitzen einen sehr hohen Rauchpunkt, haben kaum ungesättigte Fettsäuren und eignen sich daher am besten für hohe Temperaturen um die 180 – 200 °C. Der Nachteil: Für die Gesundheit sind sie natürlich nicht ideal. Bei Ölen zum Frittieren greifen Sie ausnahmsweise besser zu raffinierten Ölen, die Sie jedoch nicht zu hoch erhitzen sollten. Traubenkern-, Erdnuss-, Sesam- und Olivenöl können Sie zum sanften Anbraten oder Dünsten verwenden. Die feinen Aromen der Öle sind oft das Tüpfelchen auf dem i, das ein Gericht erst so besonders macht. Versuchen Sie z. B. einmal, Pfannkuchen in Haselnussöl zu backen. Lagern Sie Öl immer dunkel und kühl.

SALZ

Ich habe immer mehrere Sorten Salz in meiner Küche vorrätig. Zum Salzen von Kochwasser für Nudeln und Gemüse verwende ich gern grobes Meersalz, Gemüse hingegen würze ich mit Himalayasalz. Fleur de Sel ist großartig, wenn Sie es ein wenig crunchy mögen. Aber grundsätzlich kommt heimisches Salz bei mir bevorzugt zum Einsatz. Ein Grund dafür sind die kurzen Transportwege. Nachfolgend möchte ich Ihnen ein paar meiner Lieblingssalze empfehlen.

Balsamicosalz

5 EL Fleur de Sel / 100 ml Balsamicoessig

Balsamico auf ein Drittel einreduzieren lassen. Salz dazugeben und unterrühren. Salz auf ein mit Backpapier belegtes Blech geben und im Ofen bei ca. 80 °C unter gelegentlichem Wenden ca. 2 Stunden trocknen lassen. Am besten über Nacht im leicht geöffneten Ofen ruhen lassen. Die Masse im Mixer zerkleinern. Balsamicosalz passt ideal zu Tomatengerichten oder zum Würzen von Radieschen. Sie können das Salz mit Kräutern wie Rosmarin ergänzen.

Ingwersalz

5 EL Fleur de Sel / 1 Orange / 1 EL frisch geriebener Ingwer

Orangenschale abreiben. Ingwer, Orangenschale und Salz vermengen und alles auf einem mit Backpapier belegten Blech verteilen. Salz im Ofen bei 80 °C ca. 1 Stunde unter gelegentlichem Wenden trocknen lassen. Ingwersalz verleiht Reisgerichten einen exotischen Touch.

Kartoffelsalz

5 EL Meersalz / 3 Knoblauchzehen / 2 TL Garam Masala / 1 TL Currypulver / je ½ TL Cayennepfeffer und Pfeffer aus der Mühle

Knoblauch fein hacken. 2 EL Salz auf den Knoblauch geben und mit einem Messerrücken zu einer Paste verreiben. Schneller geht es mit einem Mörser. Knoblauchpaste mit restlichen Gewürzen und restlichem Salz vermengen, auf ein mit Backpapier belegtes Blech geben und gut verteilen. Im Ofen bei 60 °C trocknen, bis das Salz sich trocken anfühlt. Dies ist mein Lieblingssalz für Pommes frites und Kartoffelspalten aus dem Ofen.

Steinpilzsalz

5 EL Fleur de Sel / 20 g getrocknete Steinpilze / 1 TL Thymian / ½ TL Pfeffer aus der Mühle

Salz, Steinpilze, Thymian und Pfeffer mit den Schneidemessern in der Küchenmaschine fein häckseln. Ich verfeinere damit meine Kartoffelsuppe.

Zitronensalz

5 EL Meersalz / 3 große Zitronen / 1 TL rosa Pfefferkörner

Das Gelbe der Zitronenschale fein abreiben und auf einem Teller einen Tag lang trocknen lassen. Meersalz, Zitronenschale und Pfefferkörner mit den Schneidemessern in der Küchenmaschine häckseln. Ich verwende Zitronensalz gern für Selleriegerichte.

OBST & GEMÜSE

Kaufen Sie Obst und Gemüse saisonal, regional und nach Möglichkeit in Bioqualität ein. Auch wenn Sie dies schon oft gehört und gelesen haben, frische und unbelastete Ware ist ein Garant für leckeres Essen, mit dem Sie beeindrucken. Achten Sie darauf, dass alles frisch aussieht, nicht welk ist und keine vergilbten Blätter hat. Die Schale sollte fest sein und keine Druckstellen aufweisen. Natürlich sagt das Aussehen nichts über die Pestizidbelastung aus, doch wenn Sie zu Bioqualität greifen, sind Sie in diesem Punkt eher auf der sicheren Seite. Orientieren Sie sich beim Einkaufen immer am Saisonkalender. Wer die Vielfalt des Saisongemüses nutzt, der wird mit intensivem Geschmack belohnt.

Mit vollreifen Früchten erhalten Sie ein Optimum an Vitaminen und Mineralstoffen, denn nur an der Pflanze entwickeln sich die wichtigen Inhaltsstoffe und eben nicht auf langen Transportwegen und in Reifelagern. Waschen Sie Ihre Einkäufe, aber ertränken Sie sie nicht, so lautet die Devise beim Umgang mit frischem Gemüse. Langes Einweichen in Wasser laugt die wasserlöslichen Vitamine aus, z. B. Vitamin C oder die meisten B-Vitamine. Also waschen Sie es immer kurz und gründlich, am besten unter fließendem Wasser.

Essen Sie Obst und Gemüse so oft wie möglich roh. Nur so nehmen Sie die meisten Vitamine auf. Selbst bei schonender Zubereitung gehen bis zu 50% der wertvollen Inhaltsstoffe, vor allem Vitamin C und Folsäure, verloren. Verfeinern Sie Ihr Essen mit hochwertigen Ölen, damit unterstützen Sie die Aufnahme von fettlöslichen Vitaminen.

Gemüse sollten Sie zu Hause nicht allzu lange lagern. Viele Inhaltsstoffe sind luft- und lichtempfindlich und verflüchtigen sich bei der Lagerung sehr schnell. Je früher Sie Ihr Gemüse und auch das Obst zubereiten oder verzehren, desto besser. Schneiden Sie alles immer frisch auf, denn durch die vergrößerte Oberfläche bei klein geschnittenen Früchten entweichen die Inhaltsstoffe schneller. Lagern Sie Obst und Gemüse generell kühl, im Kühlschrank idealerweise im Gemüsefach. Südfrüchte, Gurken und Tomaten brauchen ein kühles und schattiges Plätzchen im Vorratsraum, denn sie verlieren bei Kälte ihr Aroma. Kartoffeln werden am besten dunkel gelagert, und Knoblauch und Zwiebeln brauchen viel frische Luft. Lagern Sie Tomaten, Avocados und Äpfel immer getrennt von anderem Obst und Gemüse, denn durch die Ausdünstung des Reifungsgases Ethylen reifen diese schneller nach.

Welche wichtige Stellung Gemüse in unserer Ernährung einnimmt, ist jedem bekannt. Neben seiner Funktion als Lieferant von sekundären Pflanzenstoffen versorgt es uns mit den wichtigsten Vitamin-, Mineral- und Ballaststoffen. Damit Gemüse dieser Rolle gerecht werden kann, sollten Sie im Umgang damit aber einige Dinge beherzigen. Grundsätzlich gilt: Roh genossen liefert Gemüse die meisten Vitalstoffe. Schneiden Sie Gemüse nicht zu klein, verwenden Sie möglichst oft die Schale mit. Wenn Gemüse gekocht oder gedämpft wird, achten Sie darauf, dass die Garzeit so kurz wie möglich ist und Sie es keiner zu großen Hitze aussetzen. Stellen Sie zum Beispiel den Herd beim Kochen zuerst auf höchste Stufe, und nach dem Aufkochen reduzieren Sie die Leistung Ihres Herdes auf etwa zwei Drittel. Achten Sie beim Kochen auch darauf, dass das Gemüse gerade so mit Wasser bedeckt ist, und kochen Sie es nicht zu Tode, es darf ruhig etwas Biss haben. Dämpfen ist die schonendste Art der Zubereitung, dazu eignet sich ein Topf mit Dampfeinsatz oder ein Dampfgarer. Ich bevorzuge das Dämpfen in Bambuskörben aus dem Asialaden. Durch Dünsten bereiten Sie Ihr Essen ebenfalls sehr schonend zu. Hierbei wird das Gemüse in wenig Flüssigkeit gegart. Beim Schmoren hingegen wird das Gemüse zuvor noch angebraten. Der Vorteil: Sie können den Saft, der beim Schmoren entsteht, als Teil des Gerichts mitservieren. Empfehlenswert für Gemüse ist auch die Zubereitung im Wok oder das Grillen. Bei Letzterem sollte das Gemüse nicht zu nahe an die Glut kommen und rasch verzehrt werden.

Kochen und Essen sind Beziehungspflege

Die feine Küche hört für mich nicht beim Zubereiten der hochwertigen Produkte auf, auch die Qualität des Speisens sollte angemessen sein. Für ein gelungenes Essen braucht es meiner Meinung nach eine Köchin oder einen Koch, die/der mit Freude und Begeisterung am Werk ist, und Gäste, die jede Menge gute Laune mitbringen und offen dafür sind, Neues auszuprobieren. Wenn Sie dann noch ein wenig darauf achten, dass Sie die Portionen hübsch anrichten, werden Ihre Familie oder Ihre Gäste begeistert sein. Nutzen Sie nicht nur für besondere Anlässe Geschirr, das ein bisschen was hermacht. Dekorieren Sie den Tisch liebevoll und zum Thema des Essens passend, aber nicht zu überladen. Meist reichen schon ein schönes Tischset, passende Servietten, ein paar Blumen und eine brennende Kerze. Ich bin davon überzeugt, dass unser Auge zu einem großen Teil darüber mitbestimmt, ob uns etwas schmeckt. Probieren Sie Folgendes bei Ihren Lieben einfach mal aus: Richten Sie einen Teller liebevoll und ansprechend an, und servieren Sie auf einem anderen Teller dasselbe Gericht so, wie wir alle es leider allzu oft machen, einfach auf den Teller geklatscht. Lassen Sie beides verkosten. Sie werden sehen, dass das schön angerichtete Essen allen besser schmeckt.

Ich bin ein großer Fan des gemeinsamen Kochens und Essens, egal, ob mit der Familie oder mit Freunden. Dies sind die schönsten Momente im Leben: gemeinsam Zeit zu verbringen und zu genießen. Dabei steht nicht einmal das Essen im Mittelpunkt, sondern die gemeinsam verbrachte Zeit. Gerade das Kochen mit Kindern ist für deren späteres Essverhalten ausschlaggebend. Aus meiner Erfahrung heraus kann ich bestätigen, dass Kinder, die die Vielfalt von Lebensmitteln mit uns gemeinsam entdecken, später nicht so häufig zu Fertigprodukten greifen und den Umgang und den Wert von Lebensmitteln besser einschätzen können. Dies ist der wichtigste Grundstein für eine gesunde und abwechslungsreiche Ernährung.

Sehr oft höre ich Einwände wie »Ich habe keine Zeit, es muss schnell gehen, ich muss die Kinder versorgen, der Job, mein Partner …«. Glauben Sie mir, auch mir geht es oft nicht anders. Trotzdem entscheide ich mich bewusst jeden Tag dafür, für uns zu Hause zu kochen. Ich finde es wichtig, einmal am Tag gemeinsam zu kochen, sich an den gedeckten Tisch zu setzen und 20 bis 30 Minuten lang gemeinsam zu essen, sich auszutauschen und zu erfahren, was die Familie oder die Freunde bewegt. Denn Kochen und Essen sind Beziehungspflege. Unsere Zeit ist hektisch genug, gerade deshalb sollten wir uns diese eine Stunde am Tag für das Miteinander nehmen.

Manche Rezepte scheinen vielleicht auf den ersten Blick viel zu aufwendig, aber wenn Sie mit etwas Planung an die Sache herangehen, lassen sich viele Gerichte innerhalb kürzester Zeit zubereiten. Viele Prozesse in der Küche können parallel ablaufen. Zum Beispiel können Sie den Tisch decken, während etwas abkühlt, oder Sie behelfen sich ausnahmsweise einmal mit dem Kühlen im Gefrierschrank. Bereiten Sie auch Pizzateig schon im Laufe des Tages zu, wenn Sie etwas Zeit haben. Der bedeckte Teig kann dann im Kühlschrank langsam gehen. Sie werden mit einem hervorragenden Teig und glücklichen Gesichtern belohnt, und am Abend geht alles viel schneller. Und das Beste: Sie wissen, was in Ihrem Essen drinsteckt und woher es kommt. So werden auch Sie bald regionale Produkte bevorzugen. Ich kann nur immer wieder dazu raten, auf Wochenmärkten einzukaufen. Stöbern Sie auch mal im Internet nach Anbietern aus Ihrer Umgebung. Sie werden überrascht sein, welch großartige Menschen es gibt, die noch Wert auf Qualität legen. Sie stoßen auf kleine Ölmühlen und Essigmanufakturen, in denen es viel zu entdecken gibt, auf stolze Bäcker, die ihr Handwerk noch verstehen, auf engagierte Bauern, die nicht nur Standardgemüse anbauen, und vieles Interessante und Inspirierende mehr. Diese Lebensmittel kosten manchmal etwas mehr als diejenigen aus dem Supermarkt, aber die Investition lohnt sich, und Sie werden schnell lernen, diese Kostbarkeiten richtig einzusetzen. Vermutlich wird es Ihnen so gehen wie mir: Sie werden diese Lebensmittel lieben lernen und schon bald die einfachen und guten Produkte zu schätzen wissen, die unser Leben so sehr bereichern und die der wahre Luxus sind.

Das »richtige« Menü

Für Gäste kochen ist für viele Menschen eine Herausforderung. Was soll ich servieren? Was passt zusammen? Wie viele Gänge sind optimal? Ich möchte Ihnen die wichtigsten Tipps und Grundsätze zu diesem Thema kurz vorstellen. In der Ausbildung heißt es immer, dass man auf möglichst große Abwechslung achten muss. Ist die Soße in der Vorspeise grün, sollte sie es in der Hauptspeise nicht noch einmal sein. Servieren Sie Spargel in der Vorspeise, verzichten Sie bei den anderen Gängen auf dieses Gemüse. Ist das Gemüse in der Vorspeise gekocht, sollte es in der Hauptspeise anders zubereitet werden. Achten Sie also darauf, dass sich die Zubereitungsart, die Zutaten, die Farben und Soßen nicht wiederholen.

Auch die Ausgewogenheit von Nährstoffen, die Bekömmlichkeit der Gerichte und der Sättigungsgrad sollten beachtet werden sowie ein farblich harmonisches Aussehen und die Größe der Portionen. Servieren Sie zur Vorspeise also z.B. keine allzu große Portion Nudeln, von einem leichten Blattsalat darf es schon etwas mehr sein. Grundsätzlich gilt: Je mehr Gänge Sie servieren, desto kleiner

sollten die Portionen sein. Denken Sie also auch beim Einkauf daran, und lassen Sie sich immer vom regionalen und saisonalen Angebot inspirieren. Eine Creme mit marinierten frischen Erdbeeren ist ein tolles Dessert für den Wonnemonat Mai, aber eben kein ideales für das Weihnachtsmenü.

Die klassische Menüreihenfolge ist:

- KALTE VORSPEISE
- SUPPE
- WARME VORSPEISE
- HAUPTSPEISE
- NACHSPEISE
- KAFFEE

Wenn Sie das Menü planen, denken Sie auch immer darüber nach, für welchen Anlass Sie kochen, zu welcher Tageszeit das Essen stattfindet und wer zum Essen kommt. Ein Geburtstagsessen oder ein gemeinsamer Abend mit Freunden darf ruhig etwas lockerer und individueller gestaltet sein als ein festliches Zusammensein an Heiligabend. Dies sind die wichtigsten Eckpunkte bei der Menüplanung, wobei man sich heute nicht mehr so sklavisch daran hält wie noch vor ein paar Jahren. Wenn Sie Lust auf ein Themenmenü, z.B. »Alles von der Tomate«, haben, sollten Tomaten natürlich in allen Gerichten vorkommen. Wenn ich koche, versuche ich die Kresse, die ich zum Garnieren der Vorspeise eingekauft habe, z.B. auch im Salat weiterzuverarbeiten, damit nicht zu viel übrig bleibt. Sie sehen, so viel können Sie eigentlich nicht falsch machen. Vertrauen Sie einfach Ihrer Leidenschaft fürs Kochen, dann werden Sie ein tolles und besonderes Essen für sich, Ihre Familie und Ihre Freunde zaubern.

Menüs

Frühling

- Radieschenschaumsuppe mit Spargelspaghetti
- Vulkanspargel mit Kapern auf Olivenpolenta
- Johannisbeerkuchen

Sommer

- Gedämpfter Seidentofu
- Auberginenlasagne mit Rote-Bete-Hummus
- Bohnensuppe mit Polentanockerln
- Frozen Joghurt auf Birnen-Carpaccio

Herbst

- Gebratene Steinpilze auf weißer Polenta
- Glasierte Rote Bete auf Topinamburpüree
- Lauch im Brotteig auf Paprikakraut und Shiitakepilzen
- Maronen-Himbeer-Cremeschnitte

Winter

- Karottensuppe mit Kokos-Ingwer-Schaum
- Buchenpilze in leichter Knoblauchsoße auf Kartoffelrösti
- Geschmorte Petersilienwurzeln auf Süßkartoffelpüree
- Schokoterrine an Cranberrykompott

Weihnachtsmenü

- Einkornbrötchen mit zweierlei Butter
- Pilzsuppe mit Buchweizennudeln
- Kürbisrisotto
- Lupinensteak in Walnusskruste an Rosenkohl
- Dessert im Glas »Grantnzipf«

Vorspeisen

Anrichten:
Pro Portion einen Artischockenboden auf die Teller legen. Die Kartoffel-Bohnen-Creme daraufstreichen und jeweils mit einem weiteren Artischockenboden belegen. Etwas Salat auf die Törtchen platzieren und die Teller mit Olivendip und Zitronenspalte garnieren.

Artischockentörtchen mit Kartoffel-Bohnen-Füllung an Olivendip

FÜR DIE ARTISCHOCKEN
8 Artischocken / 4 EL Olivenöl / Saft 1 Zitrone / 2 EL Apfelessig / je 2 Knoblauchzehen und Thymianzweige / 1 Lorbeerblatt / Zucker / Salz und Pfeffer aus der Mühle

FÜR DIE FÜLLUNG
300 g mehligkochende Kartoffeln / 100 g grüne Bohnen / ½ Avocado / 3 EL Distelöl / 2 EL Zitronensaft / Salz und Pfeffer aus der Mühle

FÜR DEN DIP
60 g entsteinte grüne Oliven / ½ Bund Basilikum / 3 EL Olivenöl / 1 EL Pinienkerne / 1 Knoblauchzehe / abgeriebene Schale ¼ Zitrone / Salz und Pfeffer aus der Mühle

FÜR DEN SALAT
4 EL Olivenöl / 40 g Pflücksalate / 2 EL Balsamicoessig / Salz und Pfeffer aus der Mühle

FÜR DIE GARNITUR
4 Zitronenspalten

Zubereitung

Artischocken: Knoblauchzehen mit Wasser, Zitronensaft, Apfelessig, Lorbeerblatt, Salz und etwas Zucker aufkochen. Artischocken putzen, Stiele abschneiden und äußere Blätter entfernen. Heu herauskratzen. Artischockenböden in den Sud legen und in ca. 20 Minuten weich kochen. Artischocken herausnehmen. Olivenöl in einer Pfanne erhitzen, Thymianzweige dazugeben und Artischocken darin anbraten. Mit Salz und Pfeffer würzen.

Füllung: Kartoffeln in Würfel schneiden und weich kochen. Bohnen kochen und abgießen. Kartoffeln, Bohnen, Avocado, Zitronensaft und Distelöl mit einem Mixer nicht zu fein pürieren. Mit Salz und Pfeffer abschmecken.

Dip: Oliven, Olivenöl, Basilikum, Pinienkerne, Zitronenschale und Knoblauch mit einem Stabmixer pürieren und mit Salz und Pfeffer abschmecken.

Salat: Pflücksalate mit Balsamicoessig, Olivenöl, Salz und Pfeffer marinieren.

Zubereitungszeit: ca. 60 Minuten

Einkornbrötchen mit zweierlei Butter

FÜR DIE BRÖTCHEN
400 g Einkornmehl / 340 ml lauwarmes Wasser / 10 g frische Hefe / je 1 TL Gerstenmalz und Salz / ½ TL gemahlener Kümmel

FÜR DIE NUSSBUTTER
250 g vegane Margarine / 50 g gemahlene Walnüsse / 40 g Schalotte / 1 TL Rosmarin / Fleur de Sel

FÜR DIE ORANGENBUTTER
250 g vegane Margarine / 1 Orange / ½ Chilischote / Salz und Pfeffer aus der Mühle

Zubereitung

Brötchen: Hefe im Wasser auflösen. Mehl, Hefe-Wasser-Gemisch, Gerstenmalz, Salz und Kümmel in einer Küchenmaschine zu einem glatten Teig verarbeiten. Teig mindestens 10 Minuten durchkneten, dann im Kühlschrank ca. 12 Stunden gehen lassen. Brötchen formen und diese auf ein mit Backpapier belegtes Blech legen. Mit einem Geschirrtuch bedecken und weitere 30 Minuten gehen lassen. Die Brötchen im vorgeheizten Ofen bei ca. 220 °C mit etwas Dampf ca. 15 Minuten backen. Dann den Dampf aus dem Backraum entweichen lassen und die Brötchen backen, bis sie schön braun sind.

Tipp:
Um die Feuchtigkeit im Backofen zu erhöhen, stellen Sie einfach eine hitzebeständige Schüssel mit Wasser in den Backraum.

Einkornbrötchen mit zweierlei Butter

Zubereitung

Nussbutter: Schalotte fein würfeln. Rosmarin hacken. Beides in einer Pfanne mit 2 EL Margarine anschwitzen. Restliche Margarine schaumig rühren, dann Schalotten und Rosmarin unterrühren. Margarine mit Fleur de Sel würzen und mithilfe eines Spritzbeutels in ca. 10 cm lange Rollen formen. Die Rollen ca. 2 Stunden kühl stellen, anziehen lassen und anschließend in den Nüssen wälzen.

Orangenbutter: Zesten von der Orange reißen, Orange auspressen. Chili fein hacken. Margarine schaumig rühren, dann 5 EL Orangensaft, Orangenzesten und Chili unterrühren und mit Salz und Pfeffer abschmecken. Margarine mithilfe eines Spritzbeutels in ca. 10 cm lange Rollen formen. Die Rollen ca. 2 Stunden kühl stellen und anziehen lassen.

Zubereitungszeit: ca. 45 Minuten / Teigruhe: 12 Stunden /
Auskühlzeit: 2 Stunden

Tipp:

Diese leckeren und einfachen Brötchen sind ideal, wenn Gäste kommen. Stellen Sie einfach die Buttervariationen und einen Korb mit den frischen, duftenden Brötchen in die Mitte des Tisches. Ihre Gäste werden begeistert sein.

Anrichten:

Taler von weißer Polenta mittig auf die Teller legen. Den marinierten Salat darauf anrichten und die Steinpilze obenauf platzieren.

Gebratene Steinpilze auf weißer Polenta

FÜR DIE POLENTA
750 g Gemüsebrühe / 200 g weiße Polenta / 5 EL Olivenöl / 3 EL Salbei / Salz / Muskatnuss

FÜR DIE STEINPILZE
200 g kleine feste Steinpilze / 2 EL Olivenöl / 2 Rosmarinzweige / 1 Knoblauchzehe / Salz und Pfeffer aus der Mühle

FÜR DEN SALAT
40 g Pflücksalate / 3 EL Rapsöl / je 2 EL Quittenessig und Gemüsebrühe / 1 Prise Zucker / Salz und Pfeffer aus der Mühle

Zubereitung

Polenta: Gemüsebrühe zum Kochen bringen. Salbei hacken. Polenta einrühren und auf kleiner Flamme ca. 10 Minuten köcheln lassen. 2 EL Olivenöl unterrühren und mit Salz, Muskatnuss und Salbei würzen. Polenta ca. 2 cm dick auf ein geöltes Blech streichen und auskühlen lassen. Danach Taler mit einem 10 cm großen Ausstecher formen und diese in einer Pfanne mit restlichem Olivenöl von beiden Seiten anbraten.

Steinpilze: Steinpilze putzen und in Scheiben schneiden. Olivenöl in einer Pfanne erhitzen. Ungeschälten Knoblauch und Rosmarinzweige hineingeben und Pilze darin anbraten. Mit Salz und Pfeffer würzen.

Salat: Für das Dressing Quittenessig und Gemüsebrühe mit Salz, Pfeffer und Zucker würzen. Rapsöl kräftig unterschlagen. Salat damit marinieren.

Zubereitungszeit: ca. 40 Minuten / Auskühlzeit: ca. 1 Stunde

Anrichten:

Petersiliensoße auf Tellern verteilen. Spargelstangen mit Kapern und Minze darauf anrichten. Mit ein paar frischen Minzeblättchen garnieren.

Gebratener grüner Spargel mit Kapern und Minze an Petersiliensoße

FÜR DEN SPARGEL
600 g grüner Spargel / 60 g Kapernbeeren / 5 EL Rapsöl / 2 EL Feigenessigessig / 3 Minzeweige / 1 Knoblauchzehe / ½ TL brauner Zucker / Salz und Pfeffer aus der Mühle

FÜR DIE SOSSE
400 g Seidentofu / 100 ml Mandel Cuisine / 50 g Cashewkerne / 1 Bund Petersilie / je 2 EL Hanföl und Zitronensaft / 2 TL Senf / ½ TL Zucker / Salz und Pfeffer aus der Mühle

Zubereitung

Spargel: Spargelenden abschneiden. Kapernbeeren halbieren. Minzeblätter abzupfen und ein paar Blättchen für die Garnitur beiseitestellen. Rapsöl in einer Pfanne erhitzen. Knoblauch mit der Schale hineingeben. Spargel anbraten und mit Salz und Pfeffer würzen. Kapernbeeren, Minze und Zucker dazugeben und kurz mitbraten. Spargel mit Feigenessig ablöschen.

Soße: Alle Zutaten in einen Mixbecher füllen und mit einem Stabmixer fein pürieren. Mit Salz und Pfeffer abschmecken.

Tipp:
Probieren Sie das Gericht auch einmal mit Salbei statt mit Minze.

Kapern sind die Blütenknospen des Kapernstrauchs. Hier gilt in der Regel: Je kleiner die Kapern, desto feiner ist das Aroma. Bei Kapernbeeren oder auch Kapernäpfeln handelt es sich um die unreifen Früchte des Kapernstrauchs. Die Kapernbeere steckt voller kleiner Samen. Geschmacklich ähneln sich Kapernblüten und -beeren, sie unterscheiden sich jedoch in Biss und Textur.
Auch hier gilt: Je kleiner die Beeren, desto feiner das Aroma.

Zubereitungszeit: ca. 30 Minuten

Anrichten:

Die Wan Tan aus dem Dämpfer nehmen und pro Portion fünf Wan Tan in einer Reihe auf Tellern anrichten. Je einen Schnittlauchhalm danebenlegen und die Teigtaschen mit der Soße servieren.

Gedämpfte Wan Tan

FÜR DIE FÜLLUNG
300 ml Reisdrink / 100 g Shiitakepilze / 60 g weiße Polenta / 50 g Seidentofu / je 40 g vegane Margarine und Schalotten / ½ rote Paprika / 2 EL Cashewkerne / 2 EL Rapsöl / 1 TL frisch geriebener Ingwer / ½ TL Thymian / Salz / Cayennepfeffer

FÜR DIE SOSSE
8 EL Sojasoße / 2 EL Hoisinsoße / 1 EL Sesamöl / 1 EL Frühlingszwiebel / ½ Chili

AUSSERDEM
20 Wan-Tan-Blätter / 4 Schnittlauchhalme zum Garnieren

Zubereitung

Wan Tan: Schalotten und Cashewkerne fein hacken. Shiitake putzen und fein würfeln. Paprika ebenfalls in feine Würfel schneiden. Rapsöl in einem Topf erhitzen. Schalotten, Shiitake, Paprika und Ingwer darin anlaufen lassen. Mit Salz und Cayennepfeffer würzen. Polenta und Cashewkerne dazugeben und kurz mitbraten. Mit Reisdrink ablöschen. Polenta auf kleiner Flamme ca. 10 Minuten köcheln lassen, bis ein zäher Brei entsteht. Seidentofu, Margarine und Thymian mit einem Schneebesen klumpenfrei anrühren und unter die Polenta geben. Polenta vom Herd nehmen und etwas abkühlen lassen. Wan-Tan-Blätter auf der Arbeitsfläche auslegen. Aus der Polentamasse ca. 4–5 cm große Kugeln formen. Diese auf die Wan-Tan-Blätter legen und den Teig so hochziehen, dass er die Masse nur an den Seiten umschließt. Oben sollte noch etwas Füllung herausschauen. Bambussdämpfer oder Lochblech eines Dampfgarers mit Backpapier auslegen, die Teigtaschen hineinlegen und ca. 15 Minuten dämpfen.

Soße: Frühlingszwiebel und Chili fein hacken. Sojasoße mit Hoisinsoße, Sesamöl, Frühlingszwiebel und Chili verrühren und in kleine Schälchen füllen.

Zubereitungszeit: ca. 50 Minuten

Gedämpfter Seidentofu

ZUTATEN

480 g Seidentofu / 200 g Knollensellerie / ½ rote Paprika / 3 EL Sojasoße / je 2 EL Zitronensaft und Mirin / 20 g Sojasprossen / 1 EL Reisweinessig / 3 Frühlingszwiebeln / 1 TL Sesamöl / 1 TL brauner Zucker / Salz

FÜR DIE GARNITUR

½ Tasse Knoblauchsprossen

Zubereitung

Seidentofu in 4 gleich große Stücke schneiden. Sellerie und Paprika in dünne Streifen schneiden. Frühlingszwiebeln der Länge nach halbieren und in ca. 4–5 cm lange Stücke schneiden. Für die Soße Zitronensaft, Sojasoße, Mirin, Reisweinessig und Sesamöl mit braunem Zucker und etwas Salz anrühren. Seidentofu auf ein Lochblech setzen. Gemüsestreifen und Sojasprossen vermengen und auf dem Seidentofu verteilen. Seidentofu im Dampfgarer ca. 5 Minuten dämpfen.

Anrichten:

Die Soße in Schüsseln geben und den Seidentofu daraufsetzen.
Alles mit einigen Knoblauchsprossen garnieren.

Zubereitungszeit: ca. 30 Minuten

Anrichten:
Den Zuckerhutsalat auf Tellern anrichten und pro Portion drei Kartoffelhälften darauf platzieren. Mit Paprikawürfeln garnieren.

Zuckerhutsalat ist ein typischer Wintersalat, leicht bitter und sehr lecker.

Gefüllte Ofenkartoffeln auf Zuckerhutsalat

FÜR DIE KARTOFFELN

6 mittelgroße festkochende Kartoffeln / je 100 g Spitzmorcheln (oder 30 g getrocknete Morcheln) und Wirsing / 5 EL Rapsöl / 2 Schalotten / ½ rote Paprika / 1 EL Zitronensaft / 1 TL Kümmel / Salz und Pfeffer aus der Mühle

FÜR DEN SALAT

200 g Zuckerhut / 60 ml Rapsöl / je 50 ml lauwarme Gemüsebrühe und Apfelessig / 4 EL Sprossenmix / 2 Schalotten / 1 Knoblauchzehe / ½ TL Senf / 1 Prise Zucker / Salz und Pfeffer aus der Mühle

Zubereitung

Kartoffel: Kartoffeln in leicht gesalzenem Wasser nicht zu weich kochen. Dann halbieren und so aushöhlen, dass ein stabiler Rand stehen bleibt. Kartoffeln in eine Kasserolle geben, mit 3 EL Rapsöl beträufeln und mit Salz und Pfeffer würzen. Im Ofen bei ca. 180 °C ca. 10 Minuten backen. Morcheln putzen und je nach Größe halbieren oder vierteln. Schalotten und Paprika in feine Würfel schneiden. Wirsing in feine Streifen schneiden, in leicht gesalzenem Salzwasser kurz überbrühen und in kaltem Wasser abschrecken. Restliches Rapsöl in einer Pfanne erhitzen. Morcheln anbraten. Schalotten, Paprika und Wirsing dazugeben und mit Kümmel, Salz, Pfeffer und Zitronensaft abschmecken. Gebratener Morchel-Wirsing-Mix in die Kartoffeln füllen.

Salat: Zuckerhut in feine Streifen schneiden und waschen. Schalotten fein hacken. Knoblauch grob hacken. Das Ausgehöhlte von den Kartoffeln, Knoblauch, Gemüsebrühe, Apfelessig, Rapsöl, Senf, Salz, Pfeffer und Zucker in einen Mixbecher geben und mit einem Stabmixer zum Dressing aufmixen. Zuckerhut, Schalotten und Sprossen mit dem Dressing vermengen.

Zubereitungszeit: ca. 40 Minuten

Anrichten:

Das gebackene Gemüse und die Pilze auf Tellern anrichten. Die Zitronen-Wasabi-Mayonnaise in Schüsseln füllen und dazu reichen.

Auch eine schöne Hauptspeise

Gemüse im Haselnussteig mit Zitronen-Wasabi-Mayonnaise

FÜR DAS GEBACKENE GEMÜSE

400 ml kohlensäurehaltiges Mineralwasser / je 300 g Babykarotten, Babyzucchini und Champignons / 250 g Semmelbrösel / je 200 g Rosenkohl und kleine Auberginen / je 100 g Speisestärke und glattes Weizenmehl / 50 g gemahlene Haselnüsse / Saft 1 Zitrone / abgeriebene Schale ½ Zitrone / ½ TL gemahlener Koriander / Salz und Pfeffer aus der Mühle

FÜR DIE MAYONNAISE

150 ml Rapsöl / 80 g Sojajoghurt / je 1 TL Zitronensaft und Wasabipaste / ½ TL Senf / 1 Prise Salz

AUSSERDEM

ca. 500 ml Öl zum Frittieren

Zubereitung

Gemüse: Semmelbrösel, Haselnüsse, Koriander und Zitronenschale in einer Schüssel vermengen. Speisestärke, Mehl, 1 Prise Salz und Mineralwasser glatt rühren und alles ca. 15 Minuten quellen lassen. Karotten in leicht gesalzenem Wasser bissfest vorgaren, danach kalt abschrecken. Mit dem Rosenkohl genauso verfahren. Beides auf Küchenkrepp abtropfen lassen. Zucchini und Champignons halbieren. Auberginen in Scheiben schneiden. Gemüse und Pilze in eine Schüssel geben, mit Zitronensaft beträufeln und mit Salz und Pfeffer würzen. Danach Gemüse und Pilze einzeln durch den Teig ziehen und in der Bröselmischung panieren. Öl am besten in einem Wok erhitzen. Gemüse und Pilze darin ausbacken und auf Küchenkrepp abtropfen lassen.

Mayonnaise: Sojajoghurt mit Wasabipaste, Senf, Salz und Zitronensaft in einem Mixbecher glatt rühren. Dann mit einem Stabmixer aufmixen, dabei das Rapsöl einlaufen lassen.

Zubereitungszeit: ca. 40 Minuten

Anrichten:
Das Gemüse-Algen-Salat mit einer Fleischgabel aufdrehen, auf Tellern anrichten und mit Gomasio bestreuen.

Rohköstlich!

Gemüse-Algen-Salat

FÜR DEN SALAT

1 Süßkartoffel / 1 Zucchino / 1 Pastinake / ½ Knollensellerie / ¼ Lauchstange / 2 EL getrocknete Wakame-Algen / 4 Korianderzweige

FÜR DIE MARINADE

4 EL Reisweinessig / je 3 EL Sojasoße und Olivenöl / 3 EL gerösteter brauner Sesam / 1 TL Sesamöl / 1 TL frisch geriebener Ingwer / brauner Zucker / Salz und Pfeffer aus der Mühle

FÜR DIE GARNITUR

2 TL Gomasio

Zubereitung

Wakame-Algen in reichlich kaltem Wasser ca. 4 Stunden einweichen lassen, danach mehrmals unter kaltem Wasser waschen und abtropfen lassen. Süßkartoffel, Pastinake und Sellerie schälen und mit Zucchino und Lauch zu Bandnudeln schneiden. Algen ebenfalls in Streifen schneiden. Koriander fein hacken. Für die Marinade Sesam in einer Pfanne ohne Zugabe von Fett leicht anrösten. Reisweinessig, Sojasoße, Olivenöl, Sesamöl, Sesam, Ingwer und Zucker verrühren und mit Salz und Pfeffer abschmecken. Marinade mit Gemüsenudeln, Algenstreifen und Koriander vermengen.

Tipp:

Gomashio ist ein Sesamsalz aus der asiatischen Küche. Es sollte immer über die fertigen Speisen gestreut und nicht mitgekocht werden. Sesam ist ein wichtiger Kalziumlieferant.
Sie können Gomashio leicht selbst herstellen. Rösten Sie Sesam in einer Pfanne ohne Fett leicht an, mörsern Sie ihn danach, und vermengen Sie ihn mit feinem Meersalz. Das Verhältnis ist etwa ein Teil Meersalz auf acht Teile Sesam.

Zubereitungszeit: ca. 20 Minuten / Einweichzeit: ca. 4 Stunden

Anrichten:
Das Topinamburpüree in einen Spritzbeutel füllen und auf der Sülze dressieren. Die Kartoffelchips darauf platzieren und das Gemüsesülzchen mit Schnittlauchhalmen garnieren.

Gemüsesülzchen mit Topinamburpüree und Kartoffelchips

FÜR DAS SÜLZCHEN
500 ml Gemüsebrühe / je 60 g orange Karotten, gelbe Karotten und Knollensellerie / 40 g Lauch / 1 EL Apfelessig / 1 TL Agar-Agar / Salz und Pfeffer aus der Mühle

FÜR DAS TOPINAMBURPÜREE
150 g Topinambur / ½ Apfel / 2 EL Olivenöl / 1 TL Liebstöckel / je ½ TL frisch geriebener Ingwer und brauner Zucker / 1 Prise Muskatnuss / Salz und Pfeffer aus der Mühle

FÜR DIE CHIPS
3 kleine festkochende Kartoffeln / 1 TL Salz / 1 Prise edelsüßes Paprikapulver / Öl zum Ausbacken

FÜR DIE GARNITUR
ein paar Schnittlauchhalme

Zubereitung
Sülzchen: Beide Karottensorten, Sellerie und Lauch in feine Streifen schneiden. Gemüsebrühe zum Kochen bringen und Gemüsestreifen darin ca. 3 Minuten köcheln lassen. Dann aus dem Fond heben und in vier Gläser füllen. Agar-Agar mit 3 - 4 EL Wasser glatt rühren. Agar-Agar und Apfelessig in den köchelnden Fond geben und ca. 2 Minuten kochen lassen. Fond mit Salz und Pfeffer abschmecken und auf die Gläser verteilen. Gläser für ca. 2 Stunden in den Kühlschrank stellen.

Püree: Topinambur schälen, in grobe Stücke schneiden. In leicht gesalzenem Wasser ca. 15 Minuten köcheln lassen, dann abgießen und zurück in den Topf geben. Apfel in Würfel schneiden und in einer Pfanne mit Olivenöl anlaufen lassen. Zucker dazugeben und karamellisieren lassen. Äpfel und Ingwer zu den Topinambur geben und alles mit einem Stabmixer pürieren. Mit Salz, Pfeffer und Muskatnuss abschmecken. Liebstöckel hacken und unter das Püree mischen.

Kartoffelchips: Kartoffeln schälen, in dünne Scheiben schneiden und in heißem Öl goldbraun ausbacken. Chips aus dem Öl heben und auf Küchenkrepp abtropfen lassen. Salz mit Paprikapulver vermengen und Kartoffelchips damit würzen.

Zubereitungszeit: ca. 45 Minuten / Kühlzeit: ca. 2 Stunden

Anrichten:
Je zwei Kartoffeltaler auf einen Teller legen. Den geschmorten Fenchel darauf platzieren und mit Cranberrysoße nappieren.

Geschmorter Fenchel auf Kartoffeltalern an Cranberrysoße

FÜR DIE SOSSE
350 g frische Cranberrys / 1 Orange / 100 ml Wasser / 150 g Zucker / 1 TL frisch geriebener Ingwer

FÜR DAS FENCHELGEMÜSE
4 kleine Fenchelknollen/ 250 ml Gemüsebrühe / 4 EL Olivenöl / je 2 Knoblauchzehen und Thymianzweige / ½ TL brauner Zucker / Salz und Pfeffer aus der Mühle

FÜR DIE TALER
800 g mehligkochende Kartoffeln / 240 g Einkornmehl / 4 EL Sojadrink / 1 EL Kartoffelstärke / 2 TL Rapsöl / 2 Rosmarinzweige / 1 Prise Muskatnuss / Salz

AUSSERDEM
Öl zum Ausbraten

Zubereitung

Soße: Von der Orange Zesten reißen und Orange auspressen. Cranberrys, Orangenschale, Orangensaft, Wasser, Zucker und Ingwer in einem Topf zum Kochen bringen. Die Cranberrys so lange kochen, bis sie aufplatzen. Soße beiseitestellen und auskühlen lassen.

Fenchel: Strunk der Fenchelknollen herausschneiden. Olivenöl in einer Pfanne erhitzen, Knoblauch mit der Schale und Thymianzweige hineinlegen. Fenchel anbraten, Zucker dazugeben und mit Gemüsebrühe ablöschen. Pfanne in den Ofen stellen und Fenchel bei ca. 200 °C ca. 20 Minuten schmoren lassen. Mit Salz und Pfeffer abschmecken.

Kartoffeltaler: Kartoffeln mit der Schale kochen. Nach dem Pellen noch heiß durch eine Kartoffelpresse drücken. Rosmarinnadeln abzupfen und fein hacken. Rosmarin, Einkornmehl, Kartoffelstärke, Sojadrink und Rapsöl zu den Kartoffeln geben. Die Masse mit Salz und Muskatnuss würzen und rasch zu einem Teig kneten. Kleine Taler formen und in einer Pfanne mit heißem Öl auf beiden Seiten goldbraun ausbraten.

Zubereitungszeit: ca. 60 Minuten

Anrichten:

Alle Teller mit mariniertem Blattsalat belegen. Die Hirse-Brokkoli-Taler darauf platzieren.

Hirse-Brokkoli-Taler an Blattsalat mit Granatapfelkernen

FÜR DIE TALER

450 ml Gemüsebrühe / 200 g Hirse / 150 g Brokkoli / 50 g Weizenvollkornmehl / je 40 g Karotte und Zwiebel / 3 EL Semmelbrösel / Muskatnuss / Salz und Pfeffer aus der Mühle

FÜR DEN SALAT

150 g Pflücksalat nach Saison / je 2 Granatäpfel und Schalotten / je 50 ml Marillenessig und Olivenöl / Saft 1 Limette / ½ TL Zucker / Salz und Pfeffer aus der Mühle

AUSSERDEM

4 EL Rapsöl zum Braten

Zubereitung

Taler: Hirse in ein Sieb geben und heiß abspülen. Gemüsebrühe aufkochen, Hirse hineingeben und ca. 15 Minuten auf kleiner Flamme unter gelegentlichem Rühren köcheln lassen. Hirse vom Herd nehmen und ausquellen lassen. Brokkoli und Zwiebel fein reiben, Karotten in feine Würfel schneiden. Gemüse mit Semmelbröseln und Mehl unter die Hirse kneten. Alles mit Salz, Pfeffer und Muskatnuss abschmecken. Aus der Masse Taler formen. Rapsöl in einer Pfanne erhitzen und Taler darin von beiden Seiten goldbraun anbraten. Nach dem Braten auf Küchenkrepp etwas abtropfen lassen.

Salat: Granatäpfel halbieren und Kerne aus der Frucht herauslösen. Schalotten in Ringe schneiden. Marillenessig, Limettensaft, Olivenöl, Zucker, Salz und Pfeffer zu einem Dressing anrühren. Granatapfelkerne, Pflücksalate, Schalotten und Dressing vermengen.

Zubereitungszeit: ca. 45 Minuten

So einfach kann Kochen sein: Die pure Kraft der Sonne, die Sie im Geschmack der frischen jungen Karotten wiederfinden, ein einfaches Dressing dazu, das Sie perfekt abschmecken – und schon steht dem Genuss nichts mehr im Weg.

Karotten-Kohlrabi-Salat mit Kichererbsen-Kokos-Dressing

ZUTATEN

400 g junge Karotten / 200 g Kohlrabi / 80 g gekochte Kichererbsen / je 50 ml Kokosmilch und Sonnenblumenöl / 3 EL Zitronensaft / ½ Bund Kerbel / 1 Prise brauner Zucker / Salz und Pfeffer aus der Mühle

FÜR DIE GARNITUR

einige Brokkolisprossen

Zubereitung

Das Grün der Karotten so abschneiden, dass noch ungefähr 1 cm davon stehen bleibt. Karotten unter fließendem Wasser mit einem Schwamm sauber reiben. Kohlrabi in Streifen schneiden. Karotten und Kohlrabi in Salzwasser bissfest garen, dann abgießen. Für das Dressing Kichererbsen, Kokosmilch, Zitronensaft, Sonnenblumenöl und Kerbel mit Zucker, Salz und Pfeffer in einen Mixbecher geben und mit einem Stabmixer pürieren. Gemüse und Dressing miteinander vermengen.

Anrichten:

Den Karotten-Kohlrabi-Salat in Schüssel anrichten und mit Sprossen garnieren.

Zubereitungszeit: ca. 25 Minuten

Anrichten:
Den warmen Belugalinsensalat auf Tellern anrichten. Die Kartoffelklöße darauf platzieren und mit Haselnüssen und Dill garnieren.

Kartoffelklöße auf warmem Belugalinsensalat

FÜR DIE KLÖSSE

1 kg mehligkochende Kartoffeln / je 3 EL Weizengrieß und Kartoffelstärke / Salz

FÜR DIE LINSEN

150 g Belugalinsen / 1 rote Paprika / 6 EL Hanföl / 3 EL Apfelessig / 3 EL Tomatenessig und Kartoffelstärke / 1 Bund Dill / 2 Frühlingszwiebeln / ½ TL Senf / Salz und Pfeffer aus der Mühle

FÜR DIE GARNITUR

2 EL gehackte Haselnüsse / Dill

Zubereitung

Klöße: Hälfte der Kartoffeln kochen, danach aus dem Kochwasser nehmen und auskühlen lassen. Nach dem Pellen fein passieren. Restliche Kartoffeln schälen und sofort fein in etwas kaltes Wasser hineinreiben. Das Wasser sollte die geriebenen Kartoffeln gerade bedecken. Rohe Kartoffeln ca. 30 Minuten ruhen lassen, anschließend durch ein Geschirrtuch abgießen und gut ausdrücken. Gekochte Kartoffeln mit rohen Kartoffeln in eine Schüssel geben. Stärke aus der Schüssel mit den rohen Kartoffeln herausschaben und mit Kartoffeln, Kartoffelstärke, Grieß und etwas Salz zu einem glatten Teig verarbeiten. Mit feuchten Händen Klöße formen und diese in leicht wallendem Salzwasser ca. 15 Minuten köcheln lassen.

Linsensalat: Linsen in ungesalzenem Wasser 15–20 Minuten bissfest garen. Danach abgießen und abtropfen lassen. Frühlingszwiebeln in feine Ringe schneiden und Dill fein hacken. Paprika halbieren, Kerngehäuse entfernen und Paprika in feine Würfel schneiden. Frühlingszwiebeln und Paprika in einer Pfanne mit 2 EL Hanföl bei niedriger Temperatur anlaufen lassen. Linsen, Dill, Frühlingszwiebeln und Paprika mit Tomatenessig, restlichem Hanföl und Senf vermengen. Alles mit Salz und Pfeffer abschmecken.

Zubereitungszeit: ca. 60 Minuten / Teigruhe: ca. 30 Minuten

Anrichten:

Die Petersilie hacken. Den Spargel-Morchel-Salat auf Tellern anrichten und mit Petersilie bestreuen.

Lauwarmer Spargel-Morchel-Salat

ZUTATEN

je 400 g weißer und grüner Spargel / 200 g Morcheln / 50 ml Gemüsebrühe / 4 EL Traubenkernöl / 3 Schalotten / je 3 EL Apfel-Balsamicoessig und Sonnenblumenöl / 1 Msp. Senf / 1 Prise brauner Zucker / Salz und Pfeffer aus der Mühle

FÜR DIE GARNITUR

½ Bund Petersilie

Zubereitung

Weißen Spargel schälen und Enden großzügig abschneiden. Enden vom grünen Spargel abschneiden und hinteren Teil der Stangen eventuell schälen. Beide Spargel mit einem Sparschäler in dünne Streifen schneiden. Morcheln gründlich putzen und je nach Größe halbieren oder vierteln. Schalotten in feine Streifen schneiden. Für die Marinade Apfel-Balsamicoessig mit Senf, Zucker, Salz und Pfeffer verrühren. Traubenkernöl kräftig unterschlagen. Sonnenblumenöl in einer Pfanne erhitzen. Morcheln und Schalotten darin anbraten. Spargel dazugeben und kurz mitbraten. Mit Salz und Pfeffer würzen und mit Gemüsebrühe ablöschen. Alles kurz köcheln lassen, bis die Flüssigkeit fast vollständig verdampft ist. Pfanne vom Herd nehmen, Marinade darübergeben und Salat kurz ziehen lassen.

Tipp:

Ich schäle die Enden von grünem Spargel immer an, wenn die Stangen dicker und schon etwas älter sind. Das macht ihn einfach zarter. Sollte der grüne Spargel dünn und zart sein, können Sie darauf verzichten.

Zubereitungszeit: ca. 40 Minuten

Anrichten:

Das Bauernbrot auf beiden Seiten mit Olivenöl bestreichen, in einer Pfanne toasten und auf Tellern anrichten. Mit etwas Fleur de Sel bestreuen. Röstkartoffeln darauf platzieren und obenauf den Löwenzahnsalat anrichten.

Löwenzahnsalat auf Röstkartoffeln und getoastetem Bauernbrot

FÜR DIE RÖSTKARTOFFELN

400 g festkochende Kartoffeln / 50 g rote Zwiebel / 3 EL Olivenöl / 1 Knoblauchzehe / Kümmel / Salz und Pfeffer aus der Mühle

FÜR DEN SALAT

250 g Löwenzahn / 3 EL Camelinaöl (Leindotteröl) / 1 EL Apfel-Balsamicoessig / ½ TL Senf / 1 Prise Zucker / Salz und Pfeffer aus der Mühle

AUSSERDEM

4 Scheiben Bauernbrot / 2 EL Olivenöl / Fleur de Sel

Zubereitung

Röstkartoffeln: Kartoffeln mit der Schale nicht zu weich kochen und nach dem Pellen in Scheiben schneiden. Zwiebel in Streifen schneiden. Knoblauch fein hacken. Olivenöl in eine heiße Pfanne geben und Kartoffeln darin anbraten. Zwiebeln und Knoblauch dazugeben und mit Kümmel, Salz und Pfeffer würzen.

Salat: Löwenzahn waschen und trocken schleudern. Senf mit Apfel-Balsamicoessig glatt rühren. Salz, Pfeffer und Zucker dazugeben und das Camelinaöl mit einer Gabel kräftig unterschlagen. Löwenzahn damit marinieren.

Tipp:

Erhitzen Sie immer die leere Pfanne. Geben Sie das Öl erst in die heiße Pfanne, damit es nicht überhitzt.

Zubereitungszeit: ca. 40 Minuten

Anrichten:

Von jeder Sushisorte ein Stück auf Schieferplatten oder Tellern in einer Reihe schön anrichten. Mithilfe eines Spritzbeutels etwas Wasabi auf den Platten anrichten, eingelegten Ingwer danebenlegen. Sojasoße in kleine Schüsseln füllen und ebenfalls auf die Platten stellen. Alles mit einigen Daikon-Kresse-Blättern garnieren.

Mein Lieblingssushi

FÜR DEN REIS
250 g Sushi-Reis / je 3 EL Reisweinessig und Rote-Bete-Saft / 2 EL Mirin / 2 TL Zucker / 1 TL Salz

ZUM BELEGEN
200 g Spinat / ½ Gurke / 12 Essiglilien / 4 eingelegte Shiitakepilze / 8 Zuckerschoten / 2 Noriblätter / je 1 TL geschälter und ungeschälter Sesam

AUSSERDEM
12 EL leichte Sojasoße / 3 TL Wasabi / etwas eingelegter Ingwer / Daikonkresse

Zubereitung
Sushi-Reis in einem Sieb unter kaltem Wasser so lange abspülen, bis das ablaufende Wasser klar ist. Anschließend ca. 30 Minuten abtropfen lassen, in einen Topf geben und mit 500 ml Wasser zum Kochen bringen. Ca. 2 Minuten kochen, mit einem Deckel bedecken und auf der ausgeschalteten Herdplatte ca. 20 Minuten quellen lassen. Danach den Deckel abnehmen, ein Geschirrtuch über den Topf legen und den Reis weitere 10 Minuten stehen lassen. In einem Soßentopf Reisweinessig, Mirin, Zucker und Salz zum Sieden bringen, aber nicht aufkochen. Ein Drittel des Reises in eine Schüssel füllen, mit Rote-Bete-Saft mischen und auskühlen lassen. Restlichen Reis in eine andere Schüssel geben, mit Reisweinessig übergießen und ebenfalls auskühlen lassen.

Für die Gurken-Maki Gurke in ca. 5 mm breite und ca. 10 cm lange Streifen schneiden. Ein Noriblatt auf eine Sushi-Matte legen. Hälfte des gefärbten Reises gleichmäßig darauf verteilen und andrücken. Oberen Teil des Noriblatts ca. 1–2 cm breit nicht mit Reis bedecken. Eine hauchdünne Spur Wasabi auf das untere Ende des Reises streichen. Gurkenstreifen darauflegen und mithilfe der Matte eine feste Rolle formen. Diese kühl stellen.

Mein Lieblingssushi

Zubereitung
Vom weißen Sushi-Reis ca. 6 EL für die California Roll beiseitestellen. **Für die Nigri** aus dem Rest acht gleich große Kugeln formen und diese in die typische Shushi-Form bringen. Aus restlichem roten Reis ebenfalls vier Nigri formen. Ein Noriblatt in ca. 1,5 cm breite Streifen schneiden. Vier weiße Nigri mit je drei Essiglilien belegen, vier weitere mit je einem eingelegten Shiitakepilz. Rote Nigri mit je zwei Zuckerschoten belegen. Alle Nigri mit Noriblattstreifen fest umwickeln und kühl stellen.

Für die California Roll Spinat gründlich waschen, trocken schleudern und grob hacken. Spinat in einen Topf geben, bei mittlerer Hitze zusammenfallen und auskühlen lassen. Sushi-Matte mit einem Stück Frischhaltefolie belegen. Restlichen Sushi-Reis darauf verteilen und leicht andrücken. Spinat auf dem unteren Drittel des Reises verteilen und Reis mithilfe der Sushi-Matte zu einer Rolle formen. Diese kühl stellen.

Sesam in einer Pfanne rösten, bis er zu duften beginnt. California Roll aus der Folie nehmen. Sesamkörner auf einen Teller geben, die Rolle darin wälzen, dann in ca. 2 cm große Stücke schneiden. Gurken-Maki in ca. 2 cm große Stücke schneiden.

Zubereitungszeit: ca. 40 Minuten

Tipp:
Essiglilien und eingelegte Shiitakepilze bekommen Sie im gut sortierten Asialaden. Alternativ können Sie auch dünn geschnittene Rote-Bete-Scheiben und gebratene oder marinierte Steinpilzscheiben verwenden.

Anrichten:
Die Zitrone vierteln und mit den Petersilienwurzeln auf Tellern anrichten.
Die Kräutersoße in separate Schüsseln füllen und zum frittierten Gemüse reichen.

Petersilienwurzeln im Haselnussteig an Kräutersoße

FÜR DIE PETERSILIENWURZELN
400 g Petersilienwurzeln / 140 ml kohlensäurehaltiges Mineralwasser / 100 g glattes Weizenmehl plus 2 EL Mehl zum Wenden / 3 EL Rapsöl / 20 g gemahlene Haselnüsse / ½ TL Salz / 1 Msp. Weinsteinbackpulver

FÜR DIE KRÄUTERSOSSE
je 100 ml Apfel-Balsamicoessig und Gemüsebrühe / 20 g Zucker / 2 EL gehackte Petersilie / 1 EL gehackter Koriander / 1 TL Maisstärke / Salz und Pfeffer aus der Mühle

AUSSERDEM
500 ml Öl zum Ausbacken / 2 Zitronen zum Garnieren

Zubereitung

Frittiertes Gemüse: Mineralwasser in eine Schüssel geben. Mehl, Haselnüsse, Backpulver, Rapsöl und Salz unterrühren. Den Teig ca. 10 Minuten ruhen lassen. Petersilienwurzeln in ca. 5 mm dünne Streifen schneiden, kurz in kochendem Wasser blanchieren und nach dem Abgießen kalt abschrecken. Dann in Mehl wenden, durch den Backteig ziehen und in heißem Öl goldbraun ausbacken. Petersilienwurzeln auf Küchenkrepp abtropfen lassen.

Soße: Zucker in einem kleinen Topf karamellisieren lassen und mit Essig und Gemüsebrühe ablöschen. Maisstärke mit 1 EL Wasser glatt rühren, die Soße damit abziehen und leicht abkühlen lassen. Kräuter einrühren und Soße mit Salz und Pfeffer abschmecken.

Zubereitungszeit: ca. 30 Minuten

Anrichten:

Die Rote-Bete-Ravioli in tiefen Tellern anrichten. Den Sud darübergießen und alles mit den frittierten Rote-Bete-Streifen und einem Blatt Petersilie garnieren

Ravioli von der Roten Rübe in eigenem Sud

FÜR DEN SUD

200 g Rote Bete / 100 g Karotten / 50 g Knollensellerie / 1 Apfel / 1 ca. 1 cm großes Ingwerstück / 1 EL Apfelessig / je 1 TL brauner Zucker und Kümmel / 5 Pfefferkörner / 2 Lorbeerblätter / Salz

FÜR DEN NUDELTEIG

500 g Hartweizenmehl / 230 ml Wasser / 3 EL Olivenöl / 2 TL Salz

FÜR DIE FÜLLUNG

200 g gekochte Rote Bete / 80 g Seidentofu / 40 g Schalotten / 2 EL gemahlene Walnüsse und Semmelbrösel / 1 EL Rapsöl / 1 Msp. Wasabi / Salz und Pfeffer aus der Mühle

AUSSERDEM

100 g Rote Bete in feinen Streifen / 2 Petersilienzweige / 1 TL glattes Weizenmehl / 1 Prise Salz / Öl zum Frittieren

Zubereitung

Sud: Gemüse in ca. 2 cm große Würfel schneiden. Apfel schälen, vierteln, Kerngehäuse entfernen und Apfel in ca. 2 cm große Stücke schneiden. Gemüse und Äpfel mit 500 ml kaltem Wasser, Salz, Pfefferkörnern, Lorbeerblätter, Zucker und Kümmel in einen Topf geben und auf kleiner Flamme ca. 30 Minuten köcheln lassen. Fond abgießen und mit Apfelessig und Salz abschmecken.

Ravioli: Für den Nudelteig Mehl in eine Schüssel geben. Salz in Wasser auflösen. Wasser und Olivenöl zum Mehl geben und zu einem glatten Teig verarbeiten. Teig in Frischhaltefolie einschlagen und ca. 1 Stunde ruhen lassen. Für die Füllung Schalotten in feine Würfel schneiden. Rote Bete fein reiben. Schalotten in einer Pfanne mit Rapsöl anbraten. Walnüsse dazugeben und kurz mitbraten. Rote Bete, Seidentofu, Schalotten, Walnüsse und Semmelbrösel mit Wasabi vermengen und Füllung mit Salz und Pfeffer abschmecken. Nudelteig halbieren. Eine Hälfte ca. 2 mm dünn ausrollen. Kleine Häufchen der Füllung darauf verteilen. Die zweite Teighälfte ebenfalls dünn ausrollen und über die erste Teiglage legen. Ravioli mit einem 5 cm großen runden Ausstecher formen und Ränder andrücken. In einem großen Topf Salzwasser zum Kochen bringen, Ravioli in leicht wallendem Wasser ca. 5 Minuten köcheln lassen, danach herausheben.

Garnitur: Rote-Bete-Streifen mit Mehl und Salz vermengen, in heißem Öl ausbacken und auf Küchenkrepp abtropfen lassen.

Zubereitungszeit: ca. 60 Minuten / Teigruhe: ca. 1 Stunde

Rohköstlich!

Sellerie-Bärlauch-Risotto

FÜR DAS RISOTTO
500 g Knollensellerie / Saft 1 Zitrone / Salz und Pfeffer aus der Mühle

FÜR DAS PESTO
150 g Bärlauch / 150 ml Olivenöl / 40 g geschälte Mandeln / 20 g Apfelsüße / abgeriebene Schale ½ Orange / Salz und Pfeffer aus der Mühle

FÜR DIE GARNITUR
60 g Pinienkerne / ein paar Orangenzesten und Minzeblättchen

Zubereitung
Für das Pesto alle Zutaten in einen Mixbecher geben und mit einem Stabmixer fein pürieren. Mit Salz und Pfeffer abschmecken. Sellerie schälen, mit einer Aufschnittmaschine in ca. 2–3 mm feine Scheiben schneiden, diese dann in Würfel schneiden. Selleriewürfel mit Zitronensaft und Bärlauchpesto vermengen und mit Salz und Pfeffer abschmecken. Pinienkerne in einer Pfanne ohne Zugabe von Fett leicht anrösten.

Anrichten:
Das Sellerie-Bärlauch-Risotto in Schüsseln füllen und mit Pinienkernen, Orangenzesten und Minze bestreuen.

Zubereitungszeit: ca. 20 Minuten

Anrichten:

Die Sellerieterrine stürzen, die Frischhaltefolie entfernen und die Terrine in Scheiben schneiden. Den marinierten Salat auf Tellern anrichten. Pro Portion zwei Terrinescheiben und einen Klecks Rote-Bete-Creme daneben platzieren. Mit Kapernbeeren garnieren.

Sellerieterrine an Blattsalaten mit Rote-Bete-Creme

FÜR DIE TERRINE

400 g Knollensellerie / 200 ml Hafer Cuisine / 100 g Seidentofu / 100 g Gemüsebrühe / 40 g Schalotten / 2 EL Olivenöl / Saft und abgeriebene Schale ½ Zitrone / 1 TL Agar-Agar / Muskatnuss / Salz und weißer Pfeffer aus der Mühle

FÜR DIE CREME

1 kleine gekochte Rote Bete / 1 EL gemahlene Haselnüsse / 1 EL Hanföl / je 1 TL Tahin und Apfelessig / ¼ TL gemahlener Kreuzkümmel / 1 Msp. Wasabi / Salz / Cayennepfeffer

FÜR DEN SALAT

4 EL Pinienkerne / 40 g Pflücksalat / je 2 EL weißer Balsamico-Essig und Walnussöl / ½ TL Apfelsüße / ¼ TL Senf / Salz und Pfeffer aus der Mühle

AUSSERDEM

ein paar Mangoldblätter / 4 Kapernbeeren

Zubereitung

Terrine: Mangoldblätter in kochendem Wasser kurz überbrühen und kalt abschrecken. Sellerie in ca. 2 cm große Würfel schneiden. Schalotten in feine Würfel schneiden. Olivenöl in einem Topf erhitzen, Sellerie und Schalotten darin anschwitzen. Mit Gemüsebrühe ablöschen, Zitronensaft und -schale dazugeben und Sellerie auf kleiner Flamme weich dünsten. Hafer Cuisine und Agar-Agar kurz mitkochen. Seidentofu dazugeben, alles mit einem Stabmixer pürieren und mit Salz, Pfeffer und Muskatnuss abschmecken. Eine Terrinenform mit 600 ml Inhalt mit Frischhaltefolie auskleiden, Mangoldblätter darin auslegen. Terrinenmasse in die Form gießen und ca. 4 Stunden kühl stellen.

Creme: Rote Bete grob teilen und mit restlichen Zutaten mit einem Stabmixer pürieren und Creme mit Salz und Cayennepfeffer abschmecken.

Salat: Weißen Balsamico-Essig mit Apfelsüße, Senf, Salz und Pfeffer glatt rühren. Walnussöl kräftig unterschlagen. Pinienkerne in einer Pfanne ohne Fett leicht anrösten. Den Salat mit Pinienkernen und Marinade mischen.

Zubereitungszeit: ca. 50 Minuten / Kühlzeit: ca. 4 Stunden

Steinpilz-Serviettenknödel mit lauwarmem Rotkohlsalat und Schwarzteegelee

FÜR DIE KNÖDEL

500 g altbackene Brötchen / 250 ml Gemüsebrühe / 200 ml Soja Cuisine / je 40 g getrocknete Steinpilze und Zwiebel / 3 EL Rapsöl / 2 EL glattes Weizenmehl / ½ Bund Petersilie / 1 Prise Muskatnuss / Salz und Pfeffer aus der Mühle

FÜR DAS GELEE

1 TL schwarzer Tee / 100 ml Wasser / 10 g Apfelsüße / ½ TL Agar-Agar / ¼ TL abgeriebene Zitronenschale

FÜR DEN SALAT

500 g Rotkohl / 1 Orange / je 6 EL Rapsöl und Apfelessig / 60 ml Orangensaft / 50 ml Gemüsebrühe / 2 Schalotten / 2 EL Apfelsüße / ½ TL gemahlener Kümmel / 1 kleines Lorbeerblatt / 1 Msp. Zimt / Salz und Pfeffer aus der Mühle

FÜR DIE GARNITUR

einige Rotkohlsprossen

Zubereitung

Knödel: Getrocknete Steinpilze grob hacken. Gemüsebrühe aufkochen, Steinpilze hineingeben und ca. 10 Minuten köcheln lassen. Dann vom Herd nehmen und weitere 10 Minuten ziehen lassen. Brötchen klein würfeln. Petersilie fein hacken. Zwiebel in feine Würfel schneiden. Rapsöl in einer Pfanne erhitzen und Zwiebeln darin anbraten. Brötchen, Zwiebeln, Mehl Salz, Pfeffer, Muskatnuss und Petersilie in eine Schüssel geben und vermengen. Gemüsebrühe mit den Steinpilzen und Soja Cuisine dazugeben. Masse gut durchkneten und ca. 15 Minuten ruhen lassen. Frischhaltefolie auf der Arbeitsfläche auslegen und in der Mitte der Folie aus der Knödelmasse ein Rolle formen. Diese in Folie einschlagen und die Enden gut eindrehen. Knödel in kochendes Wasser legen und ca. 25 Minuten auf kleinster Flamme ziehen lassen. Danach den Serviettenknödel aus dem Wasser nehmen und im Kühlschrank ca. 2 Stunden auskühlen lassen.

Steinpilz-Serviettenknödel

Steinpilz-Serviettenknödel mit lauwarmem Rotkohlsalat und Schwarzteegelee

Zubereitung

Gelee: Wasser aufkochen, vom Herd nehmen, den Tee dazugeben, kurz ziehen lassen und anschließend abgießen. Apfelsüße und Zitronenschale zum Tee geben. Agar-Agar einrühren und ca. 2 Minuten köcheln lassen. Tee auf einen großen Teller gießen und ca. 90 Minuten kühl stellen. Nach dem Gelieren in ca. 4 x 10 cm lange Stücke schneiden.

Salat: Rotkohl und Schalotten in feine Streifen schneiden. Orange mit einem Messer schälen, filetieren und den Rest auspressen. 2 EL Rapsöl in einem Topf erhitzen und Schalotten darin anlaufen lassen. Rotkohl dazugeben und kurz mitrösten. Lorbeerblatt, Kümmel und Zimt dazugeben, mit Orangensaft und Gemüsebrühe ablöschen und alles ca. 5 Minuten köcheln lassen. Apfelsüße, Apfelessig und restliches Rapsöl unterrühren und Salat mit Salz und Pfeffer abschmecken. Orangenfilets vorsichtig unter den Salat heben.

Zubereitungszeit: ca. 70 Minuten / Auskühlzeit: ca. 2 Stunden

Anrichten:

Die Serviettenknödel mit einer Aufschnittmaschine hauchdünn aufschneiden und im Kreis auf die Teller legen. Den Rotkohlsalat darauf anrichten, mit einer Scheibe Schwarzteegelee belegen und mit ein paar Sprossen garnieren.

Anrichten:

Den Granatapfel halbieren und Kerne aus der Frucht herauslösen. Die Süßkartoffelchips in Schüsseln füllen. Den Korianderdip darauf verteilen und alles mit den Granatapfelkernen bestreuen.

Süßkartoffelchips mit Granatapfelkernen und Koriánderdip

FÜR DIE CHIPS

600 g Süßkartoffeln / 6 EL Rapsöl / 4 EL Polenta / 2 EL Rosmarin / Saft 1 Zitrone / Salz und Pfeffer aus der Mühle

FÜR DEN DIP

100 ml Sojadrink / 70 ml Olivenöl / 1 Bund Koriander / ½ entkernte und fein gehackte Chilischote / je 1 TL Zitronensaft und Senf / Salz und Pfeffer aus der Mühle

AUSSERDEM

1 Granatapfel

Zubereitung

Chips: Rosmarin hacken. Süßkartoffeln in ca. 5 mm dünne Scheiben schneiden und in ein tiefes Backblech geben. Polenta, Zitronensaft, Rapsöl, Rosmarin, Salz und Pfeffer darübergeben und alles gut durchmischen. Süßkartoffeln im Ofen bei ca. 220 °C ca. 30 Minuten schön braun backen, dabei einmal wenden.

Dip: Koriander klein schneiden. Chili fein hacken. Koriander, Chili, Sojadrink, Senf, Zitronensaft, Salz und Pfeffer in einen Mixbecher geben. Olivenöl mit einem Stabmixer langsam einarbeiten.

Tipp:

Wenn Sie keinen Koriander mögen, ersetzen Sie ihn durch Petersilie oder auch Basilikum.

Zubereitungszeit: ca. 40 Minuten

Anrichten:

Den Rettichsalat in Schalen geben und die Teigtaschen daraufsetzen. Die Teigtaschen mit Paprikastreifen und Kresse garnieren. Sojasoße in Schälchen füllen und dazu servieren.

Teigtaschen aus dem Bambusdämpfer auf Rettichsalat

FÜR DIE FÜLLUNG
200 g Tofu / 50 g Sojabohnen / 1 Knoblauchzehe / ¼ Chilischote / ½ TL frisch geriebener Ingwer / 1 Prise Zucker / Salz

FÜR DEN TEIG
250 g Weizenstärke / 100 ml kochendes Wasser

FÜR DEN SALAT
350 g Rettich / je 4 EL Reisweinessig und Sesamöl / 2 EL ungeschälter Sesam / 1 Prise Zucker / Salz und weißer Pfeffer aus der Mühle

FÜR DIE GARNITUR
dünne Streifen roter Paprika / Kresse / Sojasoße

Zubereitung

Teigtaschen: Aus Weizenstärke und Wasser einen geschmeidigen Teig herstellen. Diesen ausrollen und acht Kreise mit ca. 10 cm Durchmesser ausstechen. Für die Füllung Knoblauch und Chili hacken. Tofu, Sojabohnen, Ingwer, Knoblauch, Chili, Zucker und Salz mit einem Stabmixer pürieren. Aus der Masse kleine Kugel formen und diese auf die Teigkreise setzen. Teigränder mit Wasser bestreichen und über der Füllung zusammenklappen. Die Teigtaschen im Bambusdämpfer ca. 10 Minuten dämpfen.

Salat: Rettich schälen und in feine Streifen schneiden. Rettichstreifen mit Sesam, Reisweinessig, Sesamöl, Salz, Pfeffer und Zucker abschmecken.

Zubereitungszeit: ca. 40 Minuten

Anrichten:

Die Tomatenravioli in vorgewärmte Schüsseln füllen und mit einem Zweig Thymian garnieren.

Im Nudelteig finden Sie hier bewusst kein Salz. So lässt sich der Teig leichter verarbeiten. Beim Kochen von Pasta ist die oberste Regel: Die Soße wartet auf die Nudeln, niemals umgekehrt!

Tomatenravioli

FÜR DEN NUDELTEIG
310 g glattes Weizenmehl / 80 – 100 ml Wasser / 6 EL Sojadrink / 50 g Hartweizenmehl / 4 EL Tomatenmark / 1 EL Olivenöl

FÜR DIE FÜLLUNG
200 g Seidentofu / 60 g eingelegte getrocknete Tomaten / ½ Bund Basilikum / je 1 EL Balsamicoessig und Olivenöl / 1 TL Tomatenmark / 1 TL Rosmarin / 1 Knoblauchzehe / Salz und Pfeffer aus der Mühle

FÜR DIE SOSSE
200 g Kirschtomaten / 100 ml Gemüsebrühe / 3 EL Olivenöl / 3 EL Pinienkerne / 10 Salbeiblätter / Salz und Pfeffer aus der Mühle

FÜR DIE GARNITUR
4 Thymianzweige

Zubereitung
Ravioli: Mehlsorten mischen, Tomatenmark, Sojadrink, Wasser und Olivenöl dazugeben und mit einer Küchenmaschine verkneten. Teig auf ein Holzbrett legen und noch einmal durchkneten, bis er elastisch wird. Sollte der Teig zu trocken sein, tropfenweise Wasser unterkneten. Teig in Frischhaltefolie einschlagen und ca. 30 Minuten kühl stellen. Getrocknete Tomaten abwaschen und abtrocknen. Zwei Drittel davon in feine Würfel schneiden. Restliche Tomaten mit Seidentofu, Tomatenmark, Knoblauch, Basilikum, Rosmarin, Balsamicoessig, Olivenöl, Salz und Pfeffer im Mixer zu einer glatten Creme verarbeiten. Tomatenwürfel unterheben. Teig vierteln und Teigstücke auf einer bemehlten Arbeitsfläche ca. 2 – 3 mm dünn ausrollen. Füllung mit einem Teelöffel darauf verteilen. Um die Füllung Teig dünn mit Sojadrink einpinseln. Eine zweite Teigbahn darüberlegen und rund um die Füllung herum Teiglagen vorsichtig festdrücken. Ravioli mit einem ca. 6 cm großen Ausstecher formen und auf ein bemehltes Geschirrtuch legen. Mit restlichen Teigbahnen gleich verfahren. Ravioli in einem großen Topf mit reichlich Salzwasser ca. 5 Minuten mehr ziehen als kochen lassen.

Soße: Kirschtomaten in Scheiben schneiden. Salbei in dünne Streifen schneiden. Olivenöl in einer großen Pfanne erhitzen. Tomaten in die Pfanne geben und auf kleiner Flamme ca. 5 Minuten schmoren. Pinienkerne und Salbei dazugeben und kurz mitschmoren. Soße mit Gemüsebrühe auffüllen und kurz köcheln lassen. Mit Salz und Pfeffer abschmecken. Ravioli mit einem Schaumlöffel vorsichtig aus dem Wasser heben und in der Pfanne durchschwenken.

Zubereitungszeit: ca. 70 Minuten

Anrichten:
Die geschmorten Zwiebeln auf den Tellern anrichten. Zucchiniröllchen darauf legen und mit etwas frischem Rosmarin bestreuen.

Zucchini-Kartoffel-Röllchen auf geschmorten Zwiebeln

FÜR DIE RÖLLCHEN

200 g Kartoffeln / 2 Zucchini / je 1 Knoblauchzehe und Rosmarinzweig / 2 EL Olivenöl / Salz und Pfeffer aus der Mühle

FÜR DIE ZWIEBELN

4 Tomaten / 3 rote Zwiebeln / 5 EL Gemüsebrühe oder Wasser / je 4 EL Balsamicoessig und Olivenöl / ½ Bund Petersilie / 1 Knoblauchzehe / 2 Rosmarinzweige / ½ TL grüne Pfefferkörner / ¼ TL Zucker / Salz und Pfeffer aus der Mühle

Zubereitung

Röllchen: Kartoffeln schälen und in Spalten schneiden. Kartoffelspalten in eine Kasserolle geben. Olivenöl, Rosmarinzweig, ungeschälte Knoblauchzehe dazugeben. Mit Salz und Pfeffer würzen und Kartoffeln im Ofen bei 220 °C ca. 15 Minuten backen. Zucchini der Länge nach in dünne Scheiben schneiden. Diese in einer Grillpfanne ohne Zugabe von Fett von beiden Seiten anrösten und mit Salz und Pfeffer würzen. Kartoffelspalten in die Zucchinischeiben wickeln.

Zwiebeln: Zwiebeln in feine Streifen schneiden. Tomaten in Würfel schneiden. Rosmarin abzupfen, etwas hacken und die Hälfte für die Garnitur zur Seite stellen. Petersilie fein hacken. Knoblauch ebenfalls fein hacken. Olivenöl in einer Pfanne erhitzen. Zwiebeln, Pfefferkörner und Knoblauch darin anschwitzen. Zucker und Tomaten dazugeben, mit Balsamicoessig und Gemüsebrühe ablöschen und ca. 5 Minuten auf kleiner Flamme schmoren lassen. Petersilie unterrühren und mit Salz und Pfeffer abschmecken.

Zubereitungszeit: ca. 40 Minuten

Suppen

Anrichten:
Die Bohnensuppe in Schalen füllen und die Polentanockerln darauf verteilen.

Bohnensuppe mit Polentanockerln

FÜR DIE SUPPE
1 l Gemüsebrühe / 300 g dicke Bohnen / je 50 g Karotten und Knollensellerie / 40 g Schalotten / 10 Kirschtomaten / 30 g Lauch / 2 EL Olivenöl / je 1 EL Balsamicoessig und Tomatenmark / je 1 EL gehackter Oregano, Rosmarin und Basilikum / 1 Lorbeerblatt / Salz und Pfeffer aus der Mühle

FÜR DIE NOCKERLN
300 g Gemüsebrühe / 150 g Polenta / 20 g Zwiebel / 2 EL Olivenöl / 1 TL gehackter Thymian / 1 Prise Muskatnuss / Salz

Zubereitung

Suppe: Karotten, Sellerie und Lauch in kleine Würfel schneiden. Schalotten in Ringe schneiden. Kirschtomaten in Scheiben schneiden. Olivenöl in einem Topf erhitzen und Gemüse darin anrösten. Bohnen dazugeben und mit Gemüsebrühe auffüllen. Tomatenmark und Lorbeerblatt hinzufügen und die Suppe ca. 15 Minuten auf kleiner Flamme köcheln lassen. Balsamicoessig und Kräuter dazugeben und die Suppe mit Salz und Pfeffer abschmecken.

Nockerln: Zwiebel fein hacken. Olivenöl in einem Topf erhitzen und Zwiebeln darin anlaufen lassen. Polenta und Thymian dazugeben und mit Gemüsebrühe ablöschen. Polenta unter ständigem Rühren ca. 5 Minuten köcheln lassen, dann mit Salz und Muskatnuss abschmecken. Mit einem Esslöffel Nockerln formen, diese auf ein mit Backpapier belegtes Blech legen und im vorgeheizten Ofen bei 180 °C ca. 15 Minuten backen.

Tipp:
Die Polentanockerln können Sie nach Belieben variieren, z. B. mit fein gehackten, getrockneten Tomaten.

Dicke Bohnen finden Sie auch unter dem Namen Saubohnen. Sie können diese Suppe auch mit anderen Bohnen kochen oder tiefgekühlte Sojabohnen verwenden.

Zubereitungszeit: ca. 30 Minuten

Ingwer-Gemüsesuppe

FÜR DIE SUPPE
800 ml Gemüsebrühe / 500 g mehligkochende Kartoffeln / 200 ml Hafer Cuisine / 40 g Zwiebel / je 2 EL frisch geriebener Ingwer und gehackter Oregano / je 2 EL Mohnöl und Apfelessig / 1 Knoblauchzehe / 4 Wacholderbeeren / 1 Lorbeerblatt / 1 Prise Muskatnuss / Salz und weißer Pfeffer aus der Mühle

FÜR DIE GEMÜSEJULIENNE
je 60 g Karotten, Pastinaken und Knollensellerie / 40 g Lauch

FÜR DIE GARNITUR
etwas Oregano

Zubereitung

Suppe: Kartoffeln in ca. 1 cm große Würfel schneiden, Zwiebel und Knoblauch fein hacken. Mohnöl in einem Topf erhitzen. Kartoffeln, Zwiebeln und Knoblauch darin anlaufen lassen. Lorbeerblatt und angedrückte Wacholderbeeren dazugeben und kurz mitrösten. Mit Gemüsebrühe auffüllen und alles ca. 20 Minuten köcheln lassen. Lorbeerblatt entfernen und die Suppe mit einem Stabmixer fein pürieren. Ingwer, Oregano, Hafer Cuisine und Apfelessig dazugeben und alles mit Salz, Pfeffer und Muskatnuss abschmecken.

Gemüsejulienne: Karotten, Pastinaken, Sellerie und Lauch in feine Streifen schneiden, ca. 2 Minuten in kochendem Wasser überbrühen, dann abgießen.

Anrichten:
Die Gemüsejulienne in Gläser füllen und mit der heißen Suppe übergießen. Die Ingwer-Gemüsesuppe mit einigen Oreganoblättern garnieren.

Zubereitungszeit: ca. 30 Minuten

Karottensuppe mit Kokos-Ingwer-Schaum

FÜR DIE SUPPE
800 ml Gemüsebrühe / 500 g Karotten / 40 g Schalotten / Saft und abgeriebene Schale ½ Orange / 2 EL Rapsöl / je 1 TL Rohrohrzucker und Garam Masala / 1 Prise Muskatnuss / Salz und weißer Pfeffer aus der Mühle

FÜR DEN SCHAUM
150 ml Kokosmilch / 25 g frisch geriebener Ingwer

FÜR DIE GARNITUR
einige Brokkolisprossen

Zubereitung

Karotten grob in Würfel schneiden. Schalotten fein hacken. Einen Topf erhitzen, Rapsöl hineingeben und Karotten darin kurz anrösten. Schalotten kurz mitrösten. Garam Masala und Zucker hinzufügen und alles mit Gemüsebrühe ablöschen. Suppe ca. 20 Minuten köcheln lassen und anschließend mit einem Stabmixer fein pürieren. Orangensaft und Orangenschale dazugeben und die Suppe mit Salz, Pfeffer und Muskatnuss abschmecken.
Für den Schaum Kokosmilch und Ingwer in einem Topf lauwarm erwärmen. In einen Mixbecher umfüllen und mit einem Stabmixer schaumig aufschlagen.

Anrichten:
Die Karottensuppe auf Gläser verteilen. Die Suppe mit dem Kokos-Ingwer-Schaum bedecken und mit Brokkolisprossen garnieren.

Zubereitungszeit: ca. 35 Minuten

Anrichten:

Je zwei Steinpilz-Wan-Tan in Schüsseln füllen. Die klare Steinpilzsuppe darübergießen und mit Karottenwürfeln und Schnittlauch bestreut servieren.

Klare Steinpilzsuppe mit Steinpilz-Wan-Tan

FÜR DIE SUPPE
500 g Gemüsebrühe / 1 Karotte / 1 Bund Schnittlauch / 50 g getrocknete Steinpilze / 1 EL Balsamicoessig / je 1 TL getrockneter Thymian und Pfefferkörner / 4 Wacholderbeeren / 1 Lorbeerblatt

FÜR DIE WAN-TAN
300 g Steinpilze / je ½ Bund Petersilie und Schnittlauch / je 1 Schalotte und Knoblauchzehe / 3 EL Olivenöl / 8 Wan-Tan-Blätter / Salz und Pfeffer aus der Mühle

FÜR DIE GARNITUR
1 Karotte und 1 Bund Schnittlauch

Zubereitung

Suppe: Getrocknete Steinpilze ca. 4 Stunden in ca. 500 ml lauwarmem Wasser einweichen lassen. Dann Gemüsebrühe und eingeweichte Steinpilze mit Wacholderbeeren, Pfefferkörnern, Thymian und Lorbeerblatt in einem Topf auf kleiner Flamme ca. 1 Stunden köcheln lassen. Steinpilzbrühe durch ein Passiertuch abgießen und mit Balsamicoessig und Salz abschmecken.

Teigtaschen: Steinpilze putzen und in feine Würfel schneiden. Schalotte und Knoblauch fein würfeln. Petersilie fein hacken. Olivenöl in einer Pfanne erhitzen, Steinpilze, Schalotten und Knoblauch darin anrösten. Petersilie dazugeben und mit Salz und Pfeffer abschmecken. Wan-Tan-Teig auf der Arbeitsfläche auslegen, Füllung auf die Mitte der Teigblätter geben. Die Teigstücke oben zusammenklappen und mit Schnittlauchhalmen festbinden. Wan Tan in die heiße Steinpilzbrühe legen und ca. 5 Minuten ziehen lassen.

Garnitur: Karotte in feine Würfel schneiden und Schnittlauch fein schneiden.

Tipp:
Durch die Wahl des Pfeffers können Sie den Geschmack der Suppe entscheidend beeinflussen. Probieren Sie für diese Suppe einmal frisch gemahlenen Bergpfeffer.

Zubereitungszeit: ca. 130 Minuten / Einweichzeit: ca. 4 Stunden

Anrichten:

Den Koriander hacken. Die Pilzsuppe in Tassen füllen, mit Sesamöl beträufeln und mit Koriander garnieren.

Pilzsuppe mit Buchweizennudeln

ZUTATEN
600 ml Gemüsebrühe / je 150 g Shiitakepilze und braune Champignons / 150 g Soba-Nudeln / 100 g Enoki-Pilze / 50 g Lauch / 3 EL Sojasoße / 1 EL frisch geriebener Ingwer / ½ Chilischote

AUSSERDEM
3 EL Sesamöl / 2 EL Koriander

Zubereitung
Shiitake putzen und je nach Größe halbieren oder vierteln. Champignons putzen und in dünne Scheiben schneiden. Stielansätze der Enoki abschneiden und Pilze zerteilen. Lauch in lange dünne Streifen schneiden. Chili fein hacken. In einem großen Topf reichlich ungesalzenes Wasser zum Kochen bringen. Soba-Nudeln hineingeben und umrühren. Sobald das Wasser wieder zu kochen beginnt, etwas kaltes Wasser in den Topf gießen, Hitze reduzieren und Nudeln auf kleiner Flamme ca. 5 Minuten köcheln lassen. Die Nudeln sollten nach dem Kochen noch bissfest sein. In einem anderen Topf Gemüsebrühe mit 200 ml Wasser, Sojasoße, Ingwer und Chili aufkochen. Pilze hineingeben und ca. 5 Minuten köcheln lassen. Dann Lauch und gekochte Nudeln dazugeben.

Tipp:
Soba-Nudeln sind japanische Buchweizennudel. Es gibt sie in mehreren Qualitäten in vielen Asialäden. Günstigere Nudeln haben meist einen höheren Anteil an Weizenmehl.

Zubereitungszeit: ca. 25 Minuten

Anrichten:

Die Radieschenschaumsuppe vor dem Anrichten noch einmal mit dem Stabmixer aufschäumen und in Tassen füllen. Spargelspaghetti dazugeben und alles mit etwas Petersilie und Senfkörnern bestreuen.

Radieschenschaumsuppe mit Spargelspaghetti

FÜR DIE SUPPE
1 l Gemüsebrühe / 1 – 2 Bund Radieschen (ca. 350 g inkl. Blättern) / 200 g mehligkochende Kartoffeln / 200 ml Hafer Cuisine / 90 g Zwiebeln / 2 EL Rapsöl / 1 TL braune Senfsamen / 1 Prise Muskatnuss / Salz und weißer Pfeffer aus der Mühle

FÜR DIE SPARGELSPAGHETTI
500 g weißer Spargel / 2 EL Zitronensaft / 1 Prise Zucker / Salz

FÜR DIE GARNITUR
Petersilie und braune Senfkörner zum Bestreuen

Zubereitung

Radieschen vom Grün trennen. Radieschenblätter etwas verlesen, waschen und gut trocken schleudern. Radieschen klein schneiden. Zwiebeln fein hacken. Kartoffeln in kleine Würfel schneiden. Rapsöl in einem Topf erhitzen und Zwiebeln darin glasig andünsten. Kartoffeln, Radieschen und Senfsamen dazugeben und kurz mitschwitzen lassen. Mit Gemüsebrühe auffüllen und 15 – 20 Minuten kochen lassen, bis die Kartoffeln sehr weich sind. Radieschengrün zur Suppe geben und alles noch einmal kurz aufkochen lassen. Hafer Cuisine dazugeben. Suppe mit einem Stabmixer fein pürieren und mit Salz, Pfeffer und Muskatnuss abschmecken.
Für die Einlage Spargel schälen und in lange Streifen schneiden. In einem Topf etwas Wasser mit Zitronensaft, Zucker und Salz zum Kochen bringen. Spargel hineingeben, ca. 1 Minuten köcheln lassen und abgießen.

Zubereitungszeit: ca. 35 Minuten

Anrichten:

Die Chili in feine Ringe schneiden. Die Erdnusssuppe in Tassen füllen und mit Erdnüssen und Chiliringen bestreuen. Vor dem Servieren mit etwas Hanföl beträufeln.

Scharfe Erdnusssuppe

ZUTATEN

600 ml Gemüsebrühe / 200 ml Mandel Cuisine / je 100 g ungesalzene, geschälte Erdnüsse und mehligkochende Kartoffeln / 4 EL Hanföl / 40 g Zwiebel / Salz und weißer Pfeffer aus der Mühle

AUSSERDEM

4 EL gehackte und geröstete Erdnüsse / 1 grüne Chilischote

Zubereitung

Kartoffeln schälen und in ca. 3 cm große Stücke schneiden. Zwiebel fein hacken. 2 EL Hanföl in einem Topf erhitzen. Kartoffeln, Zwiebeln und Erdnüsse darin anrösten, mit Gemüsebrühe ablöschen und ca. 20 Minuten auf kleiner Flamme köcheln lassen. Mandel Cuisine hinzugeben und mit einem Stabmixer fein pürieren. Mit Salz und Pfeffer abschmecken.

Zubereitungszeit: ca. 35 Minuten

Anrichten:

Die Spinatsuppe in Schüsseln füllen und mit den Kartoffelstreifen garnieren.

Spinatsuppe mit knusprigen Kartoffelstreifen

FÜR DIE SPINATSUPPE

je 500 ml Mandeldrink und Gemüsebrühe / 300 g Spinat / 40 g Schalotten / 3 EL Rapsöl / 3 Knoblauchzehen / 1 EL Kartoffelstärke / je ½ TL Kurkuma, frisch geriebener Ingwer und Muskatnuss / Salz und Pfeffer aus der Mühle

FÜR DIE KARTOFFELSTREIFEN

200 g festkochende Kartoffeln / Öl zum Frittieren

Zubereitung

Suppe: Spinat gründlich waschen und abtropfen. Schalotten in feine Würfel schneiden. Knoblauch fein hacken. Rapsöl in einem Topf erhitzen und Schalotten darin goldbraun anrösten. Knoblauch, Kurkuma und Ingwer dazugeben und kurz mitrösten. Spinat hinzugeben und so lange rösten, bis die Blätter zusammengefallen sind. Gemüsebrühe dazugeben, alles einmal aufkochen lassen und mit einem Stabmixer pürieren. Mandeldrink dazugeben und noch einmal aufkochen lassen. Kartoffelstärke mit 3 EL Wasser glatt rühren, Suppe damit schön cremig abziehen und mit Salz, Pfeffer und Muskatnuss abschmecken.

Kartoffelstreifen: Kartoffeln in sehr dünne Streifen schneiden und in heißem Öl schwimmend goldbraun ausbacken. Danach auf Küchenkrepp abtropfen lassen.

Zubereitungszeit: ca. 30 Minuten

Anrichten:

Die Zucchinisuppe mit dem Stabmixer noch einmal schaumig aufmixen und in Tassen füllen. Vor dem Servieren die grünen Zucchini in die Mitte der Suppe geben.

Suppe von gelben Zucchini

FÜR DIE SUPPE

700 g gelbe Zucchini / 500 ml Gemüsebrühe / 200 ml Hafer Cuisine / 50 g Kartoffel / 40 g Zwiebel / 3 EL Rapsöl / je 1 EL Apfelsüße und Apfelessig / 1 Prise Muskatnuss / Salz und Pfeffer aus der Mühle

FÜR DIE EINLAGE

100 g grüne Zucchini / 4 EL Kürbiskernöl / 2 EL Kürbiskerne / 1 EL Petersilie / ½ Chilischote / Salz

Zubereitung

Suppe: Kartoffel und gelbe Zucchini in ca. 2 cm große Würfel schneiden. Zwiebel in kleine Würfel schneiden. Rapsöl in einem Topf erhitzen und Zwiebeln darin anlaufen lassen. Zucchini und Kartoffeln dazugeben und kurz mitrösten. Mit Gemüsebrühe auffüllen, ca. 15 Minuten köcheln lassen und alles mit einem Stabmixer fein pürieren. Hafer Cuisine dazugeben und die Suppe mit Apfelsüße, Apfelessig, Salz, Pfeffer und Muskatnuss abschmecken.

Einlage: Petersilie und Kürbiskerne hacken. Chili fein hacken. Grüne Zucchini halbieren, Kerne mit einem Löffel herausschaben und Zucchini in kleine Würfel schneiden. Kürbiskerne, Zucchini, Petersilie und Chili mit Kürbiskernöl mischen und leicht salzen.

Zubereitungszeit: ca. 35 Minuten

Anrichten:

Die weiße und die grüne Petersiliensuppe in unterschiedliche Messbecher geben und beide Suppen zugleich in die Tassen einfüllen. Die zweifarbige Suppe mit Topinamburchips und Kresse garnieren.

Zweifarbige Petersiliensuppe mit Topinamburchips

FÜR DIE SUPPE
600 ml Gemüsebrühe / 250 g Petersilienwurzeln / 200 g Kartoffeln / 200 ml Hafer Cuisine / 1 Bund Petersilie / 40 g Zwiebel / 3 EL Rapsöl / 2 EL glattes Weizenmehl / Muskatnuss / Salz und weißer Pfeffer aus der Mühle

FÜR DIE TOPINAMBURCHIPS
100 g Topinambur / Öl zum Frittieren

FÜR DIE GARNITUR
etwas Shiso-Kresse

Zubereitung

Suppe: Petersilienwurzeln, Kartoffeln und Zwiebel in Würfel schneiden. Rapsöl in einem Topf erhitzen, Petersilienwurzeln, Kartoffeln und Zwiebeln darin anschwitzen lassen. Mehl dazugeben und kurz mitrösten. Mit Gemüsebrühe auffüllen und unter Rühren aufkochen lassen. Suppe auf kleiner Flamme ca. 15 Minuten köcheln lassen, dann mit einem Stabmixer pürieren. Hafer Cuisine dazugeben und alles mit Salz, Pfeffer und Muskatnuss abschmecken. Petersilie hacken. Hälfte der Suppe in einen anderen Topf umfüllen, Petersilie dazugeben, noch einmal aufkochen lassen und mit dem Stabmixer pürieren.

Einlage: Topinambur schälen und hauchdünn hobeln. Öl erhitzen, Tobinamburchips darin ausbacken und auf Küchenkrepp abtropfen lassen.

Zubereitungszeit: ca. 50 Minuten

Hauptspeisen

Anrichten:
Die Nudelpfanne in Schüsseln füllen. Koriander hacken und über die Nudeln streuen.

Asiatische Nudelpfanne

ZUTATEN

250 g Mie-Nudeln ohne Ei / 200 ml Gemüsebrühe / 2 Pak Choi / je 100 g Spinat und Enoki-Pilze / 1 rote Paprika / je 50 ml Teriyakisoße und helle Sojasoße / 4 Schalotten / 40 g Sojasprossen / 3 EL Erdnussöl / 2 Frühlingszwiebeln / 1 EL Sesam / je 1 Knoblauchzehe und Chilischote / 1 TL frisch geriebener Ingwer / Salz

FÜR DIE GARNITUR

2 EL Koriander

Zubereitung

Mie-Nudeln mit heißem Wasser übergießen und ca. 5 Minuten ziehen lassen. Paprika halbieren, Kerngehäuse entfernen und Paprika in feine Streifen schneiden. Schalotten in Streifen schneiden. Enoki putzen und zerteilen. Knoblauch fein hacken. Chili halbieren, Kerne entfernen und Chili fein hacken. Frühlingszwiebeln in feine Ringe schneiden. Von den Pak Choi Strunk entfernen und Kohl waschen. Spinat putzen und waschen. Wok erhitzen, Erdnussöl hineingeben und Gemüse, Frühlingszwiebeln, Sojasprossen Pilze, Schalotten, Knoblauch, Chili und Ingwer darin scharf anbraten. Sesam dazugeben. Mit Sojasoße und Teriyakisoße ablöschen, mit Gemüsebrühe auffüllen und mit etwas Salz abschmecken. Nudeln dazugeben und durchschwenken.

Zubereitungszeit: ca. 30 Minuten

Anrichten:

Jeden Teller mit einer Auberginenscheibe belegen. Jeweils mit 1 EL Hummus bedecken und darauf je zwei bis drei Zucchinischeiben legen. Danach folgen eine weitere Schicht Hummus und obenauf jeweils eine weitere Auberginenscheibe. Die Auberginenlasagne mit etwas mariniertem Salat garnieren.

Auch eine schöne Vorspeise

Auberginenlasagne mit Rote-Bete-Hummus

FÜR DAS HUMMUS
200 g gekochte weiße Bohnen / 80 g Rote Bete / Saft 1 Orange / 50 g Karotte / 3 EL Olivenöl / Saft ½ Zitrone / 1 EL Apfelsüße / 1 EL Tahin / 1 Knoblauchzehe / Salz und Pfeffer aus der Mühle

FÜR DIE LASAGNE
1 Aubergine, z. B. Tigeraubergine / 1 Zucchino / 5 EL Olivenöl / 1 Knoblauchzehe / je 2 Zweige Rosmarin und Thymian / Salz und Pfeffer aus der Mühle

FÜR DEN SALAT
40 g Pflücksalate / Saft ½ Zitrone / 2 EL Olivenöl / Salz und Pfeffer aus der Mühle

Zubereitung

Hummus: Rote Bete und Karotte in kleine Würfel schneiden. Gemüse mit 2 EL Olivenöl in eine Kasserolle geben, mit Salz und Pfeffer würzen und im Backofen bei 180 °C ca. 30 Minuten backen. Danach das Gemüse mit weißen Bohnen, restlichem Olivenöl, Apfelsüße, Knoblauch, Tahin, Orangen- und Zitronensaft in einen Mixer geben und alles fein pürieren. Hummus mit Salz und Pfeffer abschmecken.

Lasagne: Aubergine und Zucchino in ca. 5 mm dünne Scheiben schneiden. Olivenöl in einer Pfanne erhitzen. Ungeschälten Knoblauch und Kräuter dazugeben. Auberginen und Zucchini mit Salz und Pfeffer würzen und die Scheiben von beiden Seiten anbraten.

Salat: Zitronensaft mit Olivenöl, Salz und Pfeffer glatt rühren. Salat damit marinieren.

Zubereitungszeit: ca. 60 Minuten

Anrichten:

Die Paprika halbieren, Kerngehäuse entfernen und Paprika in hauchdünne Streifen scheiden. Den Reis auf Tellern oder in Schüsseln anrichten. Die Maiskölbchen in Erdnusssoße darauf verteilen. Alles mit Paprikastreifen garnieren und mit Koriander bestreuen.

Babymaiskolben in Erdnusssoße auf Basmatireis

FÜR DIE MAISKOLBEN IN SOSSE

400 g Babymaiskolben / 250 ml Kokosmilch / 8 EL Erdnussbutter / 40 g Schalotten / Saft ½ Zitrone / je 2 EL Sesamöl und süße Sojasoße / 2 TL brauner Zucker / 1 Knoblauchzehe / je 1 TL frisch geriebener Ingwer und Kurkuma / ½ Chilischote / Salz

FÜR DEN REIS

640 ml Wasser / 320 g Basmatireis / Lorbeerblatt / Salz

FÜR DIE GARNITUR

1 rote Paprika / 2 EL gehackter Koriander

Zubereitung

Maiskolben: Maiskolben putzen, der Länge nach halbieren und mit Zitronensaft beträufeln. Knoblauch fein hacken. Knoblauch, 1 TL Zucker, Ingwer, Kurkuma und 1 EL Sojasoße zum Mais geben und alles gut durchmischen. Mais im Kühlschrank ca. 3 Stunden ziehen lassen.
Für die Soße Schalotten und Chili fein hacken. Erdnussbutter in einem Topf schmelzen lassen. Schalotten dazugeben, kurz anrösten und mit Kokosmilch auffüllen. 1 TL Zucker und Chili dazugeben und die Soße ca. 5 Minuten auf kleiner Flamme köcheln lassen. Mit Salz abschmecken.
Sesamöl im Wok erhitzen und Maiskolben darin scharf anbraten. Dann 1 EL Sojasoße und Erdnusssoße dazugeben und alles ca. 5 Minuten köcheln lassen.

Reis: Reis in ein Sieb geben, unter kaltem Wasser so lange spülen, bis das Wasser klar und die Stärke komplett abgespült ist. In einem Topf Wasser mit Salz und Lorbeerblatt zum Kochen bringen. Reis einrühren, den Topf mit einem Deckel verschließen, Hitze auf kleinste Stufe reduzieren und Reis ca. 35 Minuten quellen lassen. Dann Reis mit einer Gabel auflockern und Lorbeerblatt entfernen.

Zubereitungszeit: ca. 40 Minuten / Marinierzeit: ca. 3 Stunden

Auch eine schöne Vorspeise

Baked Beans auf Maiscreme

FÜR DIE BAKED BEANS
500 g gekochte weiße Bohnen / 150 ml Ananassaft / 80 ml Apfelsüße / 50 g Zwiebel / 50 ml Ketchup / je 2 EL Tomatenmark und Rapsöl / 1 EL brauner Zucker / ½ TL Senfpulver / ½ Chilischote / Salz und Pfeffer aus der Mühle

FÜR DIE MAISCREME
500 g Maiskörner / 400 ml Wasser / 100 ml Hafer Cuisine / 4 EL Hanföl / 1 EL gehackter Thymian / ½ TL brauner Zucker / 1 Prise Muskatnuss / Salz und Pfeffer aus der Mühle

FÜR DIE GARNITUR
4 EL Alfalfasprossen

Zubereitung

Baked Beans: Zwiebel und Chili fein hacken. Senfpulver mit 2 EL Wasser anrühren. Rapsöl in einem Topf erhitzen und Zwiebeln auf kleiner Flamme glasig anschwitzen. Zucker dazugeben und karamellisieren lassen. Dann Apfelsüße, Ketchup, Tomatenmark, Senf und Chili hinzufügen. Mit Ananassaft auffüllen, Bohnen dazugeben und alles ca. 20 Minuten auf kleiner Flamme sämig einkochen lassen. Baked Beans mit Salz und Pfeffer abschmecken.

Maiscreme: Maiskörner mit Wasser, Zucker und etwas Salz ca. 20 Minuten auf kleiner Flamme köcheln lassen. Abgießen, dabei das Kochwasser auffangen. Maiskörner zurück in den Topf geben, Hafer Cuisine hinzufügen und alles mit einem Stabmixer nicht zu fein pürieren. Je nach Konsistenz einige EL Kochwasser dazugeben. Hanföl und Thymian unterrühren und mit Salz, Pfeffer und Muskatnuss abschmecken.

Anrichten:
Die Maiscreme in Schüsseln füllen. Die gebackenen Bohnen darauf verteilen und alles mit Alfalfasprossen garnieren.

Zubereitungszeit: ca. 50 Minuten

Anrichten:

Die Paprika in hauchdünne Streifen schneiden. Den Reis auf Tellern anrichten. Bambussprossen danebenlegen und mit etwas Currysoße übergießen. Alles mit Paprikastreifen und Koriander garnieren.

Bambussprossen in Currysoße an Jasminreis

FÜR DIE BAMBUSSPROSSEN

600 g Bambussprossen / 500 ml Kokosmilch / 200 ml Gemüsebrühe / 50 g weiße Zwiebel / 3 EL Sesamöl / 3 Knoblauchzehen / 1 EL gelbe thailändische Currypaste / 1 EL frisch geriebener Ingwer / 1 Bund Koriander / 1 TL brauner Zucker / 1 TL Limettensaft / 1 Chilischote / 3 Kaffirlimettenblättter / Salz

FÜR DEN REIS

480 ml Wasser / 240 g Jasminreis / Salz

FÜR DIE GARNITUR

3 Korianderzweige / ½ Paprika

Zubereitung

Reis: Reis in ein Sieb geben, unter kaltem Wasser so lange spülen, bis das Wasser klar und die Stärke komplett abgespült ist. In einem Topf Wasser mit Salz zum Kochen bringen. Reis einrühren, den Topf mit einem Deckel verschließen, Hitze auf kleinste Stufe reduzieren und den Reis ca. 35 Minuten quellen lassen. Dann mit einer Gabel auflockern.

Bambussprossen: Zwiebel und Knoblauch fein hacken. Chili halbieren, Kerne entfernen und Chili fein hacken. Sesamöl im Wok erhitzen. Zwiebeln und Knoblauch darin anrösten. Currypaste, Ingwer, Chili und Kaffirlimettenblätter dazugeben und kurz mitrösten. Mit Kokosmilch und Gemüsebrühe auffüllen und mit Zucker, Limettensaft und Salz abschmecken. Soße sämig einkochen lassen. Koriander hacken und unterrühren. Zuletzt die Bambussprossen in die Soße hineinlegen.

Zubereitungszeit: ca. 40 Minuten

Anrichten:
Den Blumenkohl in den Auflaufformen servieren. Die Soße in separaten Schüsseln reichen.

Blumenkohl-Tandoori

FÜR DAS TANDOORI

4 kleine Blumenkohlköpfe á ca. 200 g / 200 g Sojajoghurt / Saft 1 Zitrone / je ½ TL Zimt, Kreuzkümmel, Koriandersamen, Kurkuma, frisch geriebener Ingwer / 2 grüne Kardamomkapseln / 1 Knoblauchzehe / ¼ Chilischote / 2 Gewürznelken / je 1 Msp. edelsüßes Paprikapulver und Muskatnuss / Salz und Pfeffer aus der Mühle

FÜR DIE SOSSE

6 EL Hanföl / ½ Bund Minze / Saft 1 Zitrone / ½ rote Zwiebel / 1 Knoblauchzehe / 1 Prise Zucker / Salz und Pfeffer aus der Mühl

Zubereitung

Tandoori: Kardamomsamen aus den Kapseln nehmen. Kardamomsamen, Kreuzkümmel, Koriandersamen, Gewürznelken und Chili in einen Mörser geben, fein zerstoßen und in eine Schüssel umfüllen. Zimt, Kurkuma, Ingwer, Muskatnuss, Paprikapulver, Salz und Pfeffer dazugeben. Knoblauch fein hacken. Gewürzmischung mit Knoblauch, Sojajoghurt und Zitronensaft mischen. Blumenkohl gründlich waschen, in Auflaufformen legen, mit der Gewürzmischung einreiben und im vorgeheizten Ofen bei ca. 180 °C ca. 40 Minuten backen.

Soße: Zwiebel, Knoblauch und Minze fein hacken und mit Hanföl und Zitronensaft vermengen. Mit Zucker, Salz und Pfeffer abschmecken.

Tipp:

Zum Blumenkohl-Tandoori serviere ich gern noch marinierte rote Zwiebeln.

Zubereitungszeit: ca. 60 Minuten

Anrichten:

Pro Portion ein bis zwei Rösti auf Tellern anlegen. Die Pilze und etwas Soße daraufgeben und alles mit Knoblauchsprossen garnieren.

Buchenpilze in leichter Knoblauchsoße auf Kartoffelrösti

FÜR DIE PILZE

500 ml Gemüsebrühe / 400 g Buchenpilze / 40 g Schalotten / je 3 EL Sojasoße und Sesamöl / 1 Knoblauchzehe / je 1 TL Kartoffelstärke und Thymian / ½ Chilischote / Pfeffer aus der Mühle

FÜR DIE RÖSTI

800 g mehligkochende Kartoffeln / 60 g Zwiebeln / ½ Bund Petersilie / 1 Prise Muskatnuss / Salz und Pfeffer aus der Mühle

AUSSERDEM

Öl zum Braten / Knoblauchsprossen für die Garnitur

Zubereitung

Buchenpilze: Buchenpilze putzen. Schalotten in kleine Würfel schneiden. Knoblauch und Chili fein hacken. Thymian hacken. Sesamöl in einer Pfanne erhitzen. Pilze, Schalotten, Knoblauch und Chili darin anbraten. Mit Sojasoße ablöschen, mit Gemüsebrühe auffüllen, Thymian dazugeben und mit Pfeffer abschmecken. Kartoffelstärke mit 1 EL Wasser glatt rühren und die Soße damit sämig abziehen.

Rösti: Zwiebeln in feine Würfel schneiden und in einer Pfanne mit etwas Öl goldbraun anbraten. Petersilie fein hacken. Kartoffeln schälen und grob reiben. Zwiebeln und Petersilie zu den Kartoffeln geben und mit Salz, Pfeffer und Muskatnuss abschmecken. In der Pfanne etwas Öl erhitzen. 10 cm große Dessertringe in die Pfanne stellen, Kartoffelmasse ca. 2 cm hoch hineingeben und den Ring abziehen. Rösti von beiden Seiten bei mittlerer Hitze goldbraun braten. Alle Rösti auf diese Weise zubereiten.

Tipp:

Alternativ zu den Buchenpilzen eignen sich auch kleine Kräuterseitlinge oder Enoki-Pilze.

Der Buchenpilz, den Sie als cremeweißen oder braunen Pliz kaufen können, ist sehr aromatisch und behält auch beim Kochen Biss. Buchenpilze wachsen in der Natur auf Laubbäumen und als Zuchtpilz auf speziellem Substrat aus Holzspänen.

Zubereitungszeit: ca. 30 Minuten

Buchweizenspätzle mit Pak Choi und Buchenpilzen

FÜR DIE SPÄTZLE
150 g Buchweizenmehl / 100 g glattes Weizenmehl / 100 ml Wasser / 5 EL Sojadrink / 2 EL Haselnussöl (oder Hanföl) / ½ TL Salz

FÜR DIE PAK CHOI
4 Pak Choi / 200 g Buchenpilze / 1 rote Zwiebel / je 4 EL Rettichsprossen und Haselnüsse / 2 EL Rapsöl / Salz und Pfeffer aus der Mühle

Zubereitung
Spätzle: Buchweizenmehl, Weizenmehl und Salz in eine Schüssel geben. Haselnussöl, Wasser und Sojadrink dazugeben und alles zu einem zähen Spätzleteig verrühren. Teig bedeckt ca. 40 Minuten ruhen lassen. Gesalzenes Wasser in einem großen Topf zum Kochen bringen. Ein Holzbrett mit Wasser befeuchten, Teig daraufgeben und mit einer Teigkarte Spätzle in das kochende Wasser schaben. Sobald die Spätzle an die Wasseroberfläche aufsteigen, mit einem Schaumlöffel aus dem Wasser heben, kurz in kaltes Wasser legen und abgießen.

Pak Choi: Pak Choi putzen und zerteilen. Buchenpilze putzen. Zwiebel in Streifen schneiden. Rapsöl in einer Pfanne erhitzen. Pak Choi, Pilze und Zwiebeln darin anbraten und mit Salz und Pfeffer würzen. Haselnüsse und Spätzle dazugeben und kurz mitrösten.

Anrichten:
Kurz vor dem Servieren die Rettichsprossen unter das Gericht rühren und die Spätzlepfanne auf Tellern anrichten.

Zubereitungszeit: ca. 30 Minuten / Teigruhe: ca. 40 Minuten

Anrichten:

Die Orange mit einem Messer schälen und Filets herausschneiden. Die Buchweizen-Tofu-Taler auf Tellern anrichten. Den Haselnusswirsing darauf verteilen. Die Kräutersoße daneben angießen und alles mit Orangenfilets garnieren.

Buchweizen-Tofu-Taler mit Haselnusswirsing an Kräutersoße

FÜR DIE BUCHWEIZENTALER
300 g Räuchertofu / 250 ml Gemüsebrühe / 100 g Buchweizen / 6 EL Rapsöl / 50 g Zwiebel / je 40 g Karotte und Knollensellerie / 40 g Semmelbrösel / 1 Bund Petersilie / 20 g Lauch / 2 EL Vollkornmehl / 1 EL Sojamehl / Salz und Pfeffer aus der Mühle

FÜR DEN WIRSING
400 g Wirsing / 200 g säuerlicher Apfel / 150 ml Gemüsebrühe / je 60 g Haselnüsse und entkernte Datteln / 1 Orange / 2 Schalotten / 2 EL Olivenöl / Salz und Pfeffer aus der Mühle

FÜR DIE SOSSE
200 g Sojajoghurt / 4 EL Distelöl / je ½ Bund Petersilie, Dill und Schnittlauch / Saft ½ Zitrone / 1 Knoblauchzehe / 1 Prise Cayennepfeffer / Salz und Pfeffer aus Mühle

FÜR DIE GARNITUR
1 Orange

Zubereitung

Taler: Buchweizen gründlich waschen. Gemüsebrühe aufkochen und Buchweizen darin weichdünsten. Zwiebel, Karotte, Sellerie und Lauch in feine Würfel schneiden. 2 EL Rapsöl in einer Pfanne erhitzen und Gemüse darin anrösten. Gemüse unter den Buchweizen rühren und Buchweizen ausquellen lassen. Petersilie hacken. Räuchertofu mit einer Gabel fein zerdrücken. Tofu, Soja- und Vollkornmehl unter den Buchweizen kneten. Alles mit Petersilie, Salz und Pfeffer würzen. Aus der Masse Taler formen, diese in Semmelbrösel wenden und von beiden Seiten im restlichen Rapsöl goldbraun ausbacken.

Wirsing: Wirsing in Streifen schneiden. Apfel grob reiben. Haselnüsse halbieren und Datteln klein schneiden. Schalotten in Streifen schneiden. Orange mit einem Messer schälen und filetieren, die Reste auspressen. Olivenöl in einer Pfanne erhitzen. Wirsing, Schalotten, Apfel und Haselnüsse darin anrösten. Mit Gemüsebrühe ablöschen, Datteln dazugeben und alles ca. 5 Minuten köcheln lassen. Orangensaft und -filets hinzufügen und mit Salz und Pfeffer abschmecken.

Soße: Alle Zutaten für die Soße in einen Mixbecher geben und mit einem Stabmixer fein pürieren. Mit Salz, Pfeffer und Cayennepfeffer abschmecken.

Zubereitungszeit: ca. 50 Minuten

Anrichten:
Fenchel und Falafeln auf Tellern anrichten. Mit Kerbelgrün garnieren und am besten mit Fladenbrot servieren.

Falafeln auf geschmortem Fenchel

FÜR DIE FALAFELN
250 g Kichererbsen / 1 kleine Zwiebel / 1 Bund Koriander / ½ Bund Petersilie / 3 Knoblauchzehen / 1 EL glattes Weizenmehl / 1 TL Kreuzkümmel / je ¼ TL Zimt, Cayennepfeffer und gemahlene Nelken / 1 Msp. Weinsteinbackpulver / 1 Prise Muskatnuss

FÜR DEN FENCHEL
4 Fenchelknollen / 700 g passierte Tomaten / 4 EL Olivenöl / 40 g Schalotten / ½ Zitrone / 3 Knoblauchzehen / je 2 TL gehackter Thymian und Rosmarin / je 1 TL Fenchelsamen und brauner Zucker / 2 Lorbeerblätter / Salz und Pfeffer aus der Mühle

AUSSERDEM
Öl zum Ausbacken / etwas Kerbel zum Garnieren

Zubereitung

Falafeln: Kichererbsen mindestens 24 Stunden in Wasser einweichen lassen. Anschließend abgießen und gründlich abspülen. Zwiebel grob hacken. Kichererbsen mit Zwiebeln, Knoblauch, Koriander und Petersilie in einer Küchenmaschine zu einer glatten Masse verarbeiten. Gewürze, Backpulver und Mehl zufügen und alles gründlich durchmischen. Masse ca. 1 Stunde ruhen lassen. Aus der Masse ca. 4 cm große Kugeln formen, diese für weitere 20 Minuten kühl stellen und ruhen lassen. Falafeln in Öl schwimmend ca. 4 Minuten lang backen, dann auf Küchenkrepp abtropfen lassen.

Fenchel: Fenchelknollen halbieren, Strünke entfernen und obere Enden putzen. Fenchel in ca. 2 cm breite Streifen schneiden. Zitrone in Scheiben schneiden. Schalotten und Knoblauch fein würfeln. Kasserolle erhitzen, Olivenöl hineingeben, Fenchel und Fenchelsamen darin anbraten. Schalotten, Knoblauch, Zitronenscheiben und Zucker dazugeben und kurz mitrösten. Tomaten, Thymian, Rosmarin und Lorbeerblätter hinzugeben und alles mit Salz und Pfeffer würzen. Kasserolle bei 200 °C ca. 25 Minuten in den Ofen stellen, dann Falafeln dazugeben und alles bei 180 °C weitere 10 Minuten fertig backen.

Zubereitungszeit: ca. 80 Minuten / Einweichzeit: ca. 24 Stunden

Anrichten:

Das Tomatenrisotto in Schalen füllen. Die gebackenen Auberginen zur Hälfte einschneiden und auf das Risotto setzen. Etwas Linsenragout in die aufgeschnittene Aubergine hineinfüllen und mit etwas Sour Cream servieren.

Gebackene Auberginen mit Linsenragout auf Tomatenrisotto

FÜR DAS LINSENRAGOUT
500 ml Gemüsebrühe / 400 g Tomaten / 200 g Berglinsen / 100 g Karotten / 50 g Schalotten / ½ Bund Minze / 3 EL Olivenöl / 2 EL brauner Zucker / 3 Knoblauchzehen / 1 kleine Chilischote / Salz und Pfeffer aus der Mühle

FÜR DIE AUBERGINEN
4 kleine Auberginen / 6 EL Olivenöl / 5 Rosmarinzweige / 3 Knoblauchzehen / Salz und Pfeffer aus der Mühle

FÜR DAS RISOTTO
300 g passierte Tomaten / 80 g Risottoreis / 40 g Schalotten / 2 EL Olivenöl / 2 EL Rosmarin / 1 Lorbeerblatt / Salz und Pfeffer aus der Mühle

AUSSERDEM
4 EL vegane Sour Cream

Zubereitung

Ragout: Strunk der Tomaten herausschneiden und Tomaten fein hacken. Schalotten und Knoblauch fein hacken. Karotten in feine Würfel schneiden. Chili halbieren, Kerne entfernen und Chili fein hacken. Olivenöl in einem Topf erhitzen und Schalotten, Knoblauch und Karotten darin anrösten. Linsen dazugeben und kurz mitrösten. Tomaten, Gemüsebrühe und Zucker hinzugeben und alles ca. 40 Minuten auf kleiner Flamme köcheln lassen. Minze hacken. Linsen mit Salz, Pfeffer abschmecken, Chili und Minze unterrühren.

Auberginen: Auberginen mit einer Gabel rundherum einstechen und in einen Bräter legen. Olivenöl darüber geben, salzen, pfeffern, Rosmarinzweige und ungeschälten Knoblauch dazugeben und alles gut durchmischen. Auberginen bei 200 °C im Ofen ca. 40 Minuten backen.

Risotto: Schalotten würfeln. Olivenöl in einem Topf erhitzen und Schalotten darin glasig anlaufen lassen. Reis dazugeben und kurz mitrösten. Passierte Tomaten, Salz und Lorbeerblatt hinzugeben und Risotto unter ständigem Rühren auf kleiner Flamme ca. 25 Minuten garen. Rosmarin hacken. Risotto mit Rosmarin und Pfeffer abschmecken.

Zubereitungszeit: ca. 70 Minuten

Anrichten:
Die gebratenen Auberginen und den Bulgur in separaten Schüsseln anrichten und vor dem Servieren mit Koriander bestreuen.

Gebratene Auberginen mit Bulgur

FÜR DIE AUBERGINEN
500 g Auberginen / 400 g Tomaten / 80 g Zwiebeln / 2 Knoblauchzehen / 1 EL frisch geriebener Ingwer / 1 Chilischote / 5 EL Sesamöl / 2 EL Zitronensaft / je 1 TL gemahlener Koriander, Kreuzkümmel und Garam Masala / ½ TL Kurkuma / Salz und Pfeffer aus der Mühle

FÜR DEN BULGUR
300 ml Gemüsebrühe / 150 g Bulgur / 1 rote Paprika / 50 g Zwiebel / 2 EL Olivenöl / 1 EL gehackte Petersilie / Salz

FÜR DIE GARNITUR
3 EL gehackter Koriander

Zubereitung

Auberginen: Auberginen rundherum mit einer Gabel einstechen und im vorgeheizten Ofen bei 190 °C ca. 1 Stunde backen. Nach dem Backen etwas abkühlen lassen. Danach Auberginen halbieren, Fruchtfleisch mit einem Löffel herausschaben und fein hacken. Zwiebel und Knoblauch fein hacken. Chili halbieren, Kerne entfernen und Chili fein hacken. Für das Tomaten-Concassée die Haut der Tomaten an der Unterseite kreuzförmig leicht einschneiden und den Strunk entfernen. In einem Topf Wasser zum Kochen bringen, die Tomaten für ca. 30 Sekunden in das kochende Wasser geben und anschließend sofort in kaltem Wasser abschrecken. Nun lassen sich die Tomaten leicht häuten. Anschließend die Tomaten fein würfeln. Sesamöl in einer Pfanne erhitzen. Zwiebeln darin goldbraun anrösten. Knoblauch, Ingwer, Chili und Gewürze hinzufügen und kurz mitrösten. Tomatenwürfel dazugeben und alles bei mittlerer Hitze ca. 5 Minuten köcheln lassen. Als Letztes Auberginen dazugeben und mit Zitronensaft, Salz und Pfeffer abschmecken.

Bulgur: Paprika und Zwiebel in feine Würfel schneiden. Olivenöl in einem Topf erhitzen, Zwiebel und Paprika darin anlaufen lassen. Mit Gemüsebrühe ablöschen und aufkochen, Bulgur einrühren, alles einmal aufkochen lassen. Danach zugedeckt ca. 15 Minuten quellen lassen. Bulgur mit der Gabel auflockern, mit Salz abschmecken und Petersilie unterrühren.

Zubereitungszeit: ca. 75 Minuten

Anrichten:

Den Quinoasalat auf Tellern anrichten. Die Tofudreiecke darauf platzieren und mit etwas Soße beträufeln.

Gebratener Tofu auf Quinoasalat

FÜR DEN TOFU

320 g Tofu / 6 EL Sojasoße / 3 EL Sesamöl / 1 EL ungeschälter Sesam / 1 EL Zitronensaft / je ½ TL Speisestärke und frisch geriebener Ingwer

FÜR DEN SALAT

150 g Quinoa / je 1 Avocado, rote Paprika und rote Zwiebel / ½ Bund Koriander / Saft von 1 Zitrone / 2 EL Rapsöl / 1 TL Apfelsüße / ½ TL Kreuzkümmel / Salz und Pfeffer aus der Mühle

Zubereitung

Tofu: Sojasoße, Zitronensaft, Sesam und Ingwer zu einer Marinade verrühren. Tofu in Dreiecke schneiden und mit Marinade beträufeln. Tofu bedeckt ca. 1 Stunde im Kühlschrank ziehen lassen. Sesamöl in einer Pfanne erhitzen und Tofu von beiden Seiten anbraten. Tofu aus der Pfanne heben. Marinade mit 6 EL Wasser in die Pfanne geben. Speisestärke mit 1 EL Wasser glatt rühren und Soße damit binden. Tofu zurück in die Pfanne legen und ca. 3 Minuten in der Soße ziehen lassen.

Salat: 400 ml Wasser in einen Topf geben, leicht salzen und zum Kochen bringen. Quinoa einrühren und auf kleinster Flamme ca. 20 Minuten garen lassen. Vom Herd nehmen und Quinoa auskühlen lassen. Zitronensaft, Rapsöl, Apfelsüße, Kreuzkümmel, Salz und Pfeffer in einer Schüssel zu einer Marinade verrühren. Zwiebel fein würfeln. Paprika halbieren, Kerngehäuse entfernen und Paprika in kleine Würfel schneiden. Avocado halbieren, Kern entfernen, Fruchtfleisch mit einem Löffel herausschaben, in kleine Würfel schneiden und sofort in die Marinade legen. Quinoa, Paprika und Zwiebeln dazugeben, alles gut durchmischen und mit Salz und Pfeffer abschmecken. Koriander hacken und unter den Quinoasalat heben.

Zubereitungszeit: ca. 40 Minuten / Marinierzeit: ca. 1 Stunde

Anrichten:

Die gestampften Trüffelkartoffeln auf Tellern anrichten. Die gefüllten Kohlrabi darauf platzieren, die Karotten anlegen, ein paar Paprikawürfel auf die Kohlrabi legen und mit Petersilie garnieren.

Gefüllte Kohlrabi auf gestampften Trüffelkartoffeln mit jungen Karotten

FÜR DIE KOHLRABI
4 Kohlrabi / 250 ml Gemüsebrühe / 100 g Quinoa / 100 ml Hafer Cuisine / ½ Bund Petersilie / 40 g Zwiebel / je 30 g Karotte und Zucchini / je 2 EL Zitronensaft und Olivenöl / 1 TL Thymian / 1 Knoblauchzehe / je 1 Prise Zucker und Muskatnuss / Salz und Pfeffer aus der Mühle

FÜR DIE KARTOFFELN
400 g Trüffelkartoffeln / 50 ml Olivenöl / 4 EL gemahlene Walnüsse / Salz und Pfeffer aus der Mühle

FÜR DIE KAROTTEN
8 kleine Karotten mit Grün / 1 TL Apfelsüße / 1 Prise Salz

FÜR DIE GARNITUR
2 EL Paprikawürfel / 2 Petersilienzweige

Zubereitung

Kohlrabi: Kohlrabi schälen, Kappen abschneiden und Kohlrabi aushöhlen. Kohlrabi in gesalzenem Wasser mit Zucker und Zitronensaft bissfest garen. Quinoa in ein Sieb geben und unter fließendem Wasser so lange spülen, bis das Wasser klar ist. Karotte, Zucchino, Zwiebel und die Hälfte des Kohlrabiinneren in kleine Würfel schneiden. Knoblauch fein hacken. Olivenöl in einem Topf erhitzen. Gemüse, Zwiebeln und Knoblauch darin anschwitzen. Quinoa dazugeben und mit Gemüsebrühe und Hafer Cuisine aufkochen. Mit Salz, Pfeffer, Thymian und Muskatnuss würzen. Quinoa auf kleiner Flamme ca. 10 Minuten köcheln lassen. Petersilie hacken und unterrühren. Quinoa in die ausgehöhlten Kohlrabi füllen.

Gestampfte Kartoffeln: Trüffelkartoffeln kochen. Nach dem Pellen mit dem Kartoffelstampfer zerdrücken und Walnüsse und Olivenöl unterrühren. Mit Salz und Pfeffer abschmecken.

Karotten: Karotten schälen, das Grün auf ca. 3 - 4 cm einkürzen und Karotten in einer Pfanne mit etwas Wasser, Apfelsüße und Salz weich dünsten.

Zubereitungszeit: ca. 60 Minuten

Anrichten:
Die Sellerieschnitzel halbieren. Den Radicchiosalat auf Tellern anrichten und die Sellerieschnitzel anlegen.

Gefüllte Sellerieschnitzel an Radicchiosalat

FÜR DIE SELLERIESCHNITZEL

1 kg Knollensellerie / 500 g Spinat / 150 ml Sojadrink / 150 g Semmelbrösel / 100 g glattes Weizenmehl / 3 Schalotten / 2 EL Olivenöl / 1 EL Apfelessig / 1 Knoblauchzehe / Saft ½ Zitrone / Muskatnuss / Salz und Pfeffer aus der Mühle

FÜR DEN SALAT

250 g Radicchio / 1 Apfel / 4 EL Sprossenmix / 4 EL Traubenkernöl / 3 EL Apfel-Balsamicoessig / 2 EL Apfelsüße / 1 TL Senf / Salz und Pfeffer aus der Mühle

AUSSERDEM

Öl zum Braten

Zubereitung

Sellerieschnitzel: Sellerie schälen und in acht ca. 5 mm dünne Scheiben schneiden. Wasser mit Salz und Zitronensaft zum Kochen bringen, Selleriescheiben darin ca. 5 Minuten köcheln lassen und danach in kaltem Wasser abschrecken. Spinat gründlich putzen und waschen. Schalotten und Knoblauch in feine Würfel schneiden. Olivenöl in einem Topf erhitzen, Schalotten und Knoblauch darin anlaufen lassen. Spinat dazugeben und zusammenfallen lassen. Mit Salz, Pfeffer und Muskatnuss abschmecken. Vier Selleriescheiben auf die Arbeitsfläche legen. Spinat auf die Mitte der Scheiben geben und jeweils mit einer Selleriescheibe bedecken und leicht andrücken. Sojadrink mit Apfelessig anrühren und ca. 5 Minuten ruhen lassen. Gefüllte Sellerieschnitzel in Mehl wenden, durch den Sojadrink ziehen und mit Semmelbrösel panieren. Sellerieschnitzel in einer Pfanne mit heißem Öl von beiden Seiten goldbraun backen und auf Küchenkrepp abtropfen lassen.

Salat: Radicchio zerteilen, waschen und gut abtropfen lassen. Apfel-Balsamicoessig mit 2 EL Wasser, Apfelsüße, Senf, Salz und Pfeffer gut verrühren, dann Traubenkernöl unterschlagen. Apfel schälen, vierteln, Kerngehäuse entfernen und Apfel grob raspeln. Radicchio, Apfel und Sprossen mit der Marinade übergießen und alles gut durchmischen.

Zubereitungszeit: ca. 40 Minuten

Geschmorte Petersilienwurzeln auf Süßkartoffelpüree

FÜR DIE PETERSILIENWURZELN
800 g Petersilienwurzeln / 8 Schalotten / 3 EL Olivenöl / 2 EL Apfelsüße / 1 Zitrone / 1 EL Balsamicoessig / 4 Thymianzweige / Salz und Pfeffer aus der Mühle

FÜR DAS PÜREE
800 g Süßkartoffeln / 4 EL Hafer Cuisine / 2 EL Olivenöl / ¼ TL Pul Biber / je 1 Prise Zimt und Muskatnuss / Salz

Zubereitung

Petersilienwurzeln: Petersilienwurzel der Länge nach halbieren. Zitrone in Scheiben schneiden. Petersilienwurzeln und unzerteilte Schalotten in einen großen Bräter geben. Zitronenscheiben, Olivenöl, Balsamicoessig, Thymianzweige und Apfelsüße dazugeben, mit Salz und Pfeffer würzen und alles kräftig durchmischen. Petersilienwurzeln im vorgeheizten Ofen bei 180 °C unter gelegentlichem Wenden ca. 40 Minuten braten.

Püree: Süßkartoffel in ca. 3 x 3 cm große Stücke schneiden und in einem Topf mit leicht gesalzenem Wasser in ca. 25 Minuten weich kochen. Wasser abgießen und Süßkartoffeln im Topf etwas ausdampfen lassen. Hafer Cuisine, Olivenöl, Zimt und Pul Biber dazugeben und alles mit einem Kartoffelstampfer zerdrücken. Mit Salz und Muskatnuss abschmecken.

Anrichten:
Das Süßkartoffelpüree auf Tellern verteilen. Schalotten, Zitronenscheiben und Petersilienwurzeln darauf platzieren und etwas Saft aus dem Bräter darübergeben.

Zubereitungszeit: ca. 60 Minuten

Dies ist eines meiner absoluten Lieblingsgerichte. Im Herbst, wenn ich frische kleine Zwiebeln aus meinem Garten ernten kann, gibt es dieses Gericht regelmäßig. Gern verwende ich zum Schmoren der Schalotten einen Römertopf. Die Polenta variiere ich auch mit getrockneten Steinpilzen oder jeder Menge frischen Kräutern.

Anrichten:
Die Chilipolenta in tiefe Teller geben und mit den geschmorten Schalotten obenauf servieren.

Geschmorte Schalotten auf cremiger Chilipolenta

FÜR DIE SCHALOTTEN

600 g Schalotten / 600 ml Gemüsebrühe / 100 g Karotten / 60 g kleine Champignons / 3 EL Olivenöl / 2 EL Tomatenmark / 1 EL Balsamicoessig / 1 EL gehackter Rosmarin / ½ EL gehackter Thymian / je 1 TL scharfes geräuchertes Paprikapulver und glattes Weizenmehl / 1 TL Apfelsüße / je 2 Knoblauchzehen, Lorbeerblätter und dünne Ingwerscheiben / abgeriebene Schale ½ Zitrone / Salz und Pfeffer aus der Mühle

FÜR DIE POLENTA

1,2 l Gemüsebrühe / 200 g Polenta / 3 EL Olivenöl / 1 TL gehackter Thymian / je 1 Lorbeerblatt und Knoblauchzehe / Salz und Pfeffer aus der Mühle

Zubereitung

Schalotten: Karotten in Scheiben schneiden. Pilze kurz waschen. Knoblauch in dünne Scheiben schneiden. Olivenöl in einem Topf erhitzen und Schalotten, Karotten und Pilze darin anbraten. Paprikapulver und Mehl dazugeben und kurz mitrösten. Mit Gemüsebrühe auffüllen und Tomatenmark einrühren. Knoblauch, Lorbeerblätter, Apfelsüße, Ingwer und Balsamicoessig dazugeben und alles auf kleiner Flamme ca. 30 Minuten schmoren lassen. Rosmarin, Thymian und Zitronenschale dazugeben und mit Salz und Pfeffer abschmecken.

Zubereitung der Polenta:

Knoblauch fein hacken. Gemüsebrühe mit Knoblauch in einem Topf zum Kochen bringen. Polenta einrühren, Hitze reduzieren und Polenta unter Rühren ca. 10 Minuten quellen lassen. Thymian, Lorbeerblatt und Olivenöl unterrühren und mit Salz und Pfeffer abschmecken.

Zubereitungszeit: ca. 60 Minuten

Anrichten:

Die gestampften Kräuterkartoffeln als Streifen auf Tellern anrichten und die geschmorten Fenchelstücke anlegen. Das Dattel-Salbei-Gemisch aus der Kasserolle obenauf platzieren und alles mit etwas Öl aus der Kasserolle übergießen.

Geschmorter Fenchel auf gekräutertem Kartoffelpüree mit Datteln und Salbei

FÜR DEN FENCHEL

8 kleine Fenchel / 100 g entkernte Datteln / 80 g rote Zwiebeln / 5 EL Olivenöl / 1 Zitrone / ½ Bund Salbei / 1 Prise brauner Zucker / Salz und Pfeffer aus der Mühle

FÜR DAS PÜREE

600 g mehligkochende Kartoffeln / 200 ml Hafer Cuisine / 3 EL Olivenöl / je ½ Bund Petersilie und Schnittlauch / Muskatnuss / Salz und weißer Pfeffer aus der Mühle

Zubereitung

Fenchel: Fenchel halbieren und Strünke nur so weit entfernen, dass die Stücke noch zusammenhalten. Fenchelspitzen schön zurechtschneiden. Datteln in ca. 1 cm große Stücke schneiden. Salbeiblätter abzupfen und grob hacken. Zwiebeln in Streifen schneiden. Zitrone vierteln. Fenchel mit Datteln, Zwiebeln, Zitrone und Salbei in eine Kasserolle legen, mit Olivenöl beträufeln, mit Salz, Pfeffer und Zucker würzen und im Ofen bei 180 °C ca. 35 Minuten schmoren lassen.

Püree: Kartoffeln schälen und vierteln. Petersilie fein hacken, Schnittlauch klein schneiden. Kartoffeln in gesalzenem Wasser weich kochen, dann abgießen und zurück in den Topf geben. Hafer Cuisine erwärmen. Kräuter, Olivenöl und Hafer Cuisine zu den Kartoffeln geben und alles mit einem Kartoffelstampfer zerdrücken. Püree mit Salz, Pfeffer und Muskatnuss abschmecken.

Zubereitungszeit: ca. 50 Minuten

Anrichten:

Den Dinkelreis mithilfe eines ca. 10 cm großen Dessertrings auf Tellern platzieren. Mit Zwiebeln belegen und die Auberginenhälften daraufsetzen. Die Soße in einer Bahn um den Dinkelreis ziehen und alles mit etwas gebratenem Rosmarin aus der Kasserolle garnieren.

Glasierte Aubergine auf Dinkelreis und geschmorten Zwiebeln

FÜR DIE AUBERGINEN
2 kleine Auberginen / je 3 EL Sojasoße und Olivenöl / 2 EL Miso-Paste / 3 Knoblauchzehen / 2 Rosmarinzweige / 1 EL Apfelsüße / 1 TL Zitronensaft / 1 Prise Cayennepfeffer

FÜR DIE ZWIEBELN
200 ml Gemüsebrühe / 150 g Zwiebeln / 4 EL Olivenöl / 1 EL glattes Weizenmehl / je 1 EL Sojasoße und Tomatenessig / 1 TL brauner Zucker / ½ TL Thymian / Salz und Pfeffer aus der Mühle

FÜR DEN DINKELREIS
600 ml Gemüsebrühe / 300 g Dinkelreis / 80 g Zucchino / ½ Bund Petersilie / 40 g Zwiebel / 3 EL Rapsöl / je 1 TL Kurkuma und Thymian / 1 Lorbeerblatt / 1 Prise Muskatnuss / Salz und Pfeffer aus der Mühle

Zubereitung

Auberginen: Auberginen halbieren, Fruchtfleisch mehrmals einschneiden und Auberginen in eine Kasserolle legen. Sojasoße, Miso-Paste, Olivenöl, Apfelsüße, Zitronensaft und Cayennepfeffer verrühren, über die Auberginen gießen und diese damit einreiben. Rosmarin und ungeschälten Knoblauch dazugeben. Auberginen im Ofen bei 220 °C ca. 15 Minuten backen.

Zwiebeln: Zwiebeln in feine Streifen schneiden. Olivenöl in einer Pfanne erhitzen und Zwiebeln darin mit Zucker leicht anbräunen. Mehl darübergeben, mit Gemüsebrühe ablöschen und ca. 10 Minuten köcheln lassen. Thymian hacken. Sojasoße, Tomatenessig und Thymian dazugeben und alles mit Salz und Pfeffer abschmecken.

Dinkelreis: Zwiebel in feine Würfel schneiden. Zucchino in feine Würfel schneiden. Petersilie und Thymian fein hacken. Rapsöl in einem Topf erhitzen, Zwiebeln darin anlaufen lassen. Dinkelreis und Lorbeerblatt dazugeben und kurz mitschwitzen. Kurkuma dazugeben, ebenfalls kurz mitrösten. Mit Gemüsebrühe auffüllen und aufkochen lassen. Mit Salz, Pfeffer und Muskatnuss würzen, Hitze reduzieren und Dinkelreis bissfest garen. Zucchini, Petersilie und Thymian unterrühren und alles weitere 5 Minuten ziehen lassen.

Zubereitungszeit: ca. 60 Minuten

Auch eine schöne Vorspeise

Glasierte Rote Bete auf Topinamburpüree

FÜR DIE ROTE BETE

600 g gekochte Rote Bete / 100 ml Gemüsebrühe / 1 Orange / 40 g brauner Zucker / 2 EL Apfelessig / 2 EL vegane Margarine / 1 TL Kartoffelstärke / Salz und Pfeffer aus der Mühle

FÜR DAS PÜREE

400 g Topinambur / 200 g Kartoffeln / je 150 ml Gemüsebrühe und Soja Cuisine / 30 ml Mohnöl / Muskatnuss / Salz und weißer Pfeffer aus der Mühle

FÜR DIE GARNITUR

4 EL frisch geriebener Meerrettich / 2 EL Knoblauchsprossen

Zubereitung

Rote Bete: Margarine in haselnussgroße Stücke portionieren und einfrieren. Rote Bete in Scheiben schneiden. Zesten von der Orange reißen und in Wasser ca. 3 Minuten köcheln lassen. Dann abgießen. Orange auspressen. Zucker in einem Topf karamellisieren lassen und mit Apfelessig ablöschen. Orangensaft, Orangenzesten und Gemüsebrühe dazugeben, alles aufkochen lassen und mit etwas Kartoffelstärke binden und mit Salz und Pfeffer abschmecken. Rote-Bete-Scheiben in den Fond geben und ca. 5 Minuten ziehen lassen.

Püree: Topinambur und Kartoffeln in gesalzenem Wasser weich kochen, dann abgießen. Mit dem Kartoffelstampfer zu Püree zerkleinern. Gemüsebrühe und Soja Cuisine in einem Topf erwärmen und mit Mohnöl unter das Topinamburpüree rühren. Mit Salz, Pfeffer und Muskatnuss abschmecken.

Anrichten:

Mithilfe eines Esslöffels drei Nockerln vom Topinamburpüree pro Teller anrichten. Rote-Bete-Scheiben aus dem Fond heben und auf das Püree legen. Dann Margarine mit dem Schneebesen unter den Fond rühren und die Soße über die Rote-Bete nappieren. Alles mit Meerrettich und Knoblauchsprossen garnieren.

Zubereitungszeit: ca. 50 Minuten

Anrichten:

Die Tomatennudeln auf Tellern anrichten. Den Spargel darauf platzieren und mit der Petersiliensoße nappieren. Mit etwas Petersilie garnieren.

Tipp:

Nudelteig selbst zu machen ist denkbar einfach, aber eben etwas zeitaufwendig. Es gibt zwar wirklich großartige Pasta zu kaufen, aber manchmal lohnt es sich einfach, Nudeln selbst zu machen. Nudeln müssen beim Kochen gesalzen werden, denn später nehmen sie kein Salz mehr auf. Als Richtwert gilt: 1 TL Salz auf 1 l Wasser.

Grüner Spargel auf Tomatennudeln mit Petersiliensoße

FÜR DEN SPARGEL
600 g grüner Spargel / ½ Zitrone / 1 Prise Zucker / Salz

FÜR DIE NUDELN
300 g Hartweizenmehl / 200 g glattes Weizenmehl / 180 ml Wasser / 40 ml Olivenöl / 30 g Tomatenmark / 2 TL Salz

FÜR DIE SOSSE
250 ml Spargelfond (vom Kochen des grünen Spargels) / 200 g Seidentofu / 1 Bund Petersilie / 2 EL Olivenöl / 1 EL glattes Weizenmehl / 1 Schalotte / 1 TL Zitronensaft / 1 Prise Muskatnuss / Salz und Pfeffer aus der Mühle

AUSSERDEM
4 EL Olivenöl zum Schwenken / 1 Knoblauchzehe / 4 Thymianzweige

Zubereitung

Nudeln: Beide Mehlsorten in einer Schüssel vermischen. Salz in Wasser auflösen. Wasser, Olivenöl und Tomatenmark zum Mehl dazugeben und alles zu einem geschmeidigen Teig verarbeiten. Diesen in Frischhaltefolie einschlagen und mindestens 1 Stunde ruhen lassen. Nach dem Ruhen den Teig dritteln, ca. 2 mm dünn ausrollen und mit dem Messer in ca. 3 mm breite Nudeln schneiden. Einfacher geht es natürlich mit einer Nudelmaschine. Nudeln auf ein mit einem bemehlten Geschirrtuch belegtes Blech legen. In Salzwasser bissfest kochen, dann abgießen. Olivenöl in einer Pfanne erwärmen. Knoblauch andrücken. Knoblauch und Thymianzweig in die Pfanne geben. Nudeln darin schwenken.

Spargel: Spargelenden abschneiden. Spargel in gut gesalzenem Wasser mit Zucker und Zitrone auf kleiner Flamme bissfest garen.

Für die Soße: Schalotte fein würfeln und in einem Topf mit Olivenöl anlaufen lassen. Mehl dazugeben und kurz mitschwitzen. Mit Spargelfond ablöschen und unter Rühren ca. 10 Minuten köcheln lassen. Petersilie grob hacken. Seidentofu und Petersilie dazugeben und mit einem Stabmixer pürieren. Mit Salz, Pfeffer, Zitronensaft und Muskatnuss abschmecken.

Zubereitungszeit: ca. 60 Minuten / Teigruhe: ca. 1 Stunde

Anrichten:
Die Gurken und den Buchweizen in separate Schüsseln füllen und servieren.

Gurken in Dillrahmsoße mit Buchweizen

FÜR DEN BUCHWEIZEN

1 l Gemüsebrühe / 400 g Buchweizen / 4 EL Petersilie / 40 g Zwiebel / 2 EL Hanföl / Salz und Pfeffer aus der Mühle

FÜR DIE GURKEN

1 kg Gurken / 250 ml Hafer Cuisine / 100 g Schalotten / 100 ml Gemüsebrühe / 1 rote Paprika / 1 Bund Dill / 2 EL Rapsöl / 2 EL glattes Weizenmehl / Saft 1 Zitrone / 1 Knoblauchzehe / 2 TL grober Senf / 1 Prise brauner Zucker / Salz und Pfeffer aus der Mühle

Zubereitung

Buchweizen: Buchweizen in ein Sieb geben und abspülen. Zwiebel fein hacken. Hanföl in einem Topf erhitzen und Zwiebeln darin anrösten. Buchweizen dazugeben und kurz mitrösten. Mit Gemüsebrühe auffüllen und Buchweizen auf kleiner Flamme ca. 25 Minuten köcheln lassen, bis die Gemüsebrühe vollständig verkocht ist. Mit Salz und Pfeffer abschmecken. Petersilie hacken und kurz vor dem Servieren unterrühren.

Gurken: Gurken schälen, der Länge nach halbieren, entkernen und in ca. 1 cm dicke Scheiben schneiden. Paprika halbieren, Kerngehäuse entfernen und Paprika in Würfel schneiden. Schalotten in feine Streifen schneiden, Knoblauch in feine Würfel schneiden. Rapsöl in einer Pfanne erhitzen, Schalotten, Knoblauch und Gurke darin glasig andünsten. Mehl dazugeben und kurz mitrösten. Danach Zitronensaft und Paprika hinzufügen und mit Gemüsebrühe und Hafer Cuisine auffüllen. Alles ca. 5 Minuten köcheln lassen. Dill fein hacken. Dill und Senf dazugeben und alles mit Salz, Pfeffer und Zucker abschmecken.

Zubereitungszeit: ca. 30 Minuten

Anrichten:

Die Gratinformen aus dem Ofen nehmen und auf Tellern platzieren. Den sautierten Radicchio auf dem Kartoffel-Birnen-Gratin verteilen.

Kartoffel-Birnen-Gratin mit sautiertem Radicchio

FÜR DAS GRATIN
800 g festkochende Kartoffeln / 250 ml Mandeldrink / 2 Birnen / 50 g Zwiebeln / 4 EL Rapsöl / 2 EL glattes Weizenmehl / Muskatnuss / Salz und Pfeffer aus der Mühle

FÜR DEN RADICCHIO
500 g Radicchio / je 1 rote Paprika und Knoblauchzehe / 100 g Haselnüsse / 50 g Zwiebeln / je 2 EL Apfelsüße und Olivenöl / 1 TL Zitronensaft / je 1 TL Thymian und Rosmarin / Salz und Pfeffer aus der Mühle

Zubereitung

Gratin: Kartoffeln mit der Schale in gesalzenem Wasser kochen. Noch heiß pellen, dann auskühlen lassen und in Scheiben schneiden. Zwiebeln in kleine Würfel schneiden. Birnen schälen, Kerngehäuse entfernen und Birnen in dünne Scheiben schneiden. Rapsöl in einem Topf erhitzen, Zwiebeln darin anlaufen lassen, mit Mehl stauben und kurz mitrösten. Mit Mandeldrink auffüllen und alles unter ständigem Rühren aufkochen lassen. Soße ca. 10 Minuten auf kleiner Flamme köcheln lassen und mit Salz, Pfeffer und Muskatnuss würzen. Kartoffeln und Birnen vorsichtig unter die Soße mengen. Alles in kleine Auflaufformen füllen und im Ofen bei 200 °C ca. 15 Minuten backen.

Radicchio: Haselnüsse grob hacken. Kräuter hacken. Radicchio vom Strunk befreien und in ca. 2 cm breite Streifen schneiden. Zwiebeln in Streifen schneiden. Paprika halbieren, Kerngehäuse entfernen und Paprika in feine Streifen scheiden. Knoblauch fein hacken. Olivenöl in einer Pfanne erhitzen und Zwiebeln und Paprika darin anbraten. Knoblauch dazugeben und kurz mitbraten. Radicchio und Haselnüsse dazugeben. Mit Apfelsüße, Zitronensaft, Thymian und Rosmarin würzen und mit Salz und Pfeffer abschmecken.

Zubereitungszeit: ca. 50 Minuten

Anrichten:

Die Kartoffelschnitzel auf Tellern platzieren und die marinierten Gurken daneben anrichten.

Kartoffelschnitzel »Wiener Art« an marinierten Gurken

FÜR DIE GURKEN

je 2 Gurken und Schalotten / 3 EL Dill / 2 EL Reisweinessig / 1 EL brauner Zucker / 1 EL Sesamöl / 1 kleine Chilischote / 1 TL frisch geriebener Ingwer / Salz

FÜR DIE KARTOFFELSCHNITZEL

1 kg mehligkochende Kartoffeln / 280 g Dinkelvollkornmehl / 50 g Weizengrieß / 3 TL Hanföl / 1 EL gehackter Rosmarin / 1 Prise Muskatnuss / 1 TL Salz

AUSSERDEM

200 ml Sojadrink / 150 g Semmelbrösel / 10 EL Rapsöl / 80 g glattes Weizenmehl

Zubereitung

Marinierte Gurken: Gurken in Streifen schneiden, salzen, gut durchmischen und ca. 30 Minuten ruhen lassen. Anschließend Gurken ausdrücken und Gurkenwasser abgießen. Schalotten in feine Streifen schneiden. Dill hacken. Chili halbieren, Kerne entfernen und Chili fein hacken. Schalotten, Chili, Zucker, Reisweinessig, Sesamöl, Dill und Ingwer zu den Gurken geben, alles durchmischen und mit Salz abschmecken.

Schnitzel: Kartoffeln kochen. Nach dem Pellen noch heiß durch eine Kartoffelpresse drücken. Dinkelmehl, Weizengrieß, Hanföl, Rosmarin, Salz und Muskatnuss zu den Kartoffeln geben, alles durchkneten und daraus Schnitzel formen. Diese in Weizenmehl wenden, durch den Sojadrink ziehen und anschließend in Semmelbröseln wenden. Rapsöl in einer Pfanne erhitzen und Schnitzel darin von beiden Seiten ausbraten.

Tipp:

Dieses schnell zubereitete Gericht besticht gerade durch seine Einfachheit. Sie können die Schnitzel z. B. mit gebratenen Steinpilzen oder sautierten Lauchstreifen beliebig abwandeln. Planen Sie pro Portion zwei Schnitzel ein.

Zubereitungszeit: ca. 40 Minuten

Anrichten:

Das Kartoffel-Sellerie-Apfel-Gratin auf Tellern anrichten und mit Rettichsprossen garnieren.

Kartoffel-Sellerie-Apfel-Gratin

ZUTATEN

400 g mehligkochende Kartoffeln / 300 g kleiner Knollensellerie / je 200 ml Mandeldrink und Hafer Cuisine / 2 große säuerliche Äpfel / ½ TL frisch geriebener Ingwer / 1 Prise Muskatnuss / Salz und Pfeffer aus der Mühle

AUSSERDEM

Öl für die Form / Rettichsprossen zum Garnieren

Zubereitung

Kartoffeln und Sellerie in feine Scheiben schneiden oder hobeln. Äpfel schälen, Kerngehäuse entfernen und Äpfel in feine Scheiben schneiden. Kartoffeln, Sellerie und Äpfel gut vermengen. Eine Auflaufform mit Öl auspinseln. Mandeldrink, Hafer Cuisine und Ingwer in einem Topf aufkochen und mit Salz, Pfeffer und Muskatnuss kräftig würzen. Kartoffeln, Sellerie und Äpfel in die Auflaufform füllen und mit der heißen Flüssigkeit übergießen. Gratin im Ofen bei 200 °C ca. 50 Minuten backen. Aus dem Ofen nehmen und ca. 5 Minuten ruhen lassen, erst dann portionieren.

Tipp:

Zu diesem Gratin serviere ich am liebsten Blattsalate mit Kürbiskernöldressing. Ein einfaches, aber sehr leckeres Gericht.

Zubereitungszeit: ca. 20 Minuten / Backzeit: ca. 50 Minuten

Anrichten:
Das Ragout in tiefen Tellern anrichten. Die Kartoffeltürmchen aus der Form schneiden und auf dem Gemüsebett platzieren. Mit etwas Paprikapulver bestreuen und mit Kerbel garnieren.

Kartoffeltürmchen auf Kartoffel-Spinat-Ragout

FÜR DIE KARTOFFELTÜRMCHEN
800 g festkochende Kartoffeln / 1 Zwiebel / 1 EL Kartoffelstärke / 1 EL Rapsöl / 1 TL gehackter Liebstöckel / 1 Prise Muskatnuss / Salz und Pfeffer aus der Mühle

FÜR DAS RAGOUT
je 500 g festkochende Kartoffeln und junge Spinatblätter / je 200 ml Gemüsebrühe und Mandel Cuisine / 40 g Zwiebel / 3 EL Rapsöl / 1 EL Apfelessig / 1 EL Kartoffelstärke / 1 Knoblauchzehe / Salz und Pfeffer aus der Mühle

FÜR DIE GARNITUR
edelsüßes Paprikapulver und Kerbelblätter

Zubereitung

Kartoffeltürmchen: Kartoffeln grob reiben, Zwiebel fein reiben. Kartoffeln, Zwiebeln, Kartoffelstärke und Liebstöckel vermengen und mit Salz, Pfeffer und Muskatnuss würzen. Vier 10 cm große Dessertringe auf der Innenseite mit Rapsöl bestreichen. Ringe auf ein mit Backpapier belegtes Blech legen. Kartoffelmasse in die Ringe füllen und festdrücken. Kartoffeltürmchen im Ofen bei ca. 200 °C ca. 30 Minuten backen.

Ragout: Kartoffeln in ca. 1 cm große Würfel schneiden. Spinat putzen und waschen. Zwiebel und Knoblauch fein hacken. Rapsöl in einem Topf erhitzen, ca. 100 g Kartoffeln mit Zwiebeln und Knoblauch darin anrösten. Mit Gemüsebrühe ablöschen und Kartoffeln ca. 15 Minuten auf mittlerer Flamme weich kochen. Alles mit einem Stabmixer passieren. Restliche Kartoffeln dazugeben, eventuell mit etwas Gemüsebrühe auffüllen und alles ca. 10 Minuten köcheln lassen. Mandel Cuisine dazugeben und alles noch einmal aufkochen lassen. Wenn nötig Kartoffelstärke mit 3 El kaltem Wasser glatt rühren und die Sauce damit schön cremig abziehen. Spinat und Apfelessig dazugeben und mit Salz und Pfeffer abschmecken.

Tipp:

Zweierlei von der Kartoffel auf dem Teller, einfach gewürzt und doch überzeugend. Und das Beste: Die Kartoffeltürmchen sind mit ein wenig Fantasie sehr wandelbar. Ergänzen Sie die Masse z. B. mit gebratenen Enoki-Pilzen oder fermentiertem Sojakäse.

Zubereitungszeit: ca. 50 Minuten

Anrichten:

Die Röstkartoffeln in Schüsseln anrichten. Die gebratenen Kräuterseitlinge darauf verteilen und mit Knoblauchsprossen garnieren. Den Gurken-Apfel-Salat in separaten Schüsseln dazu servieren.

Kräuterseitlinge auf Röstkartoffeln an Gurken-Apfel-Salat

FÜR DIE RÖSTKARTOFFELN

600 g Kartoffeln / 200 g Sojabohnen / je 1 Karotte und rote Zwiebel / ½ Bund Petersilie / 3 EL Olivenöl / 1 EL Thymian / 2 Frühlingszwiebeln / 1 Knoblauchzehe / ½ TL Kreuzkümmel / Salz und Pfeffer aus der Mühle

FÜR DIE KRÄUTERSEITLINGE

400 g Kräuterseitlinge / 3 EL Olivenöl / 1 TL Rosmarin / 1 Knoblauchzehe / Cayennepfeffer / Salz

FÜR DEN SALAT

je 1 Gurke, säuerlicher Apfel und Schalotte / 100 ml veganer Sauerrahm / ½ Bund Dill / 2 EL weißer Balsamicoessig / 1 Prise Zucker / Salz und Pfeffer aus der Mühle

FÜR DIE GARNITUR

½ Tasse Knoblauchsprossen

Zubereitung

Röstkartoffeln: Ungeschälte Kartoffeln in gesalzenem Wasser kochen, dann auskühlen lassen. Nach dem Pellen in Scheiben schneiden. Zwiebel in Streifen schneiden. Frühlingszwiebeln in Ringe schneiden. Karotte mit einem Sparschäler in feine Streifen schneiden. Knoblauch fein hacken. Petersilie und Thymian fein hacken. Sojabohnen kurz kochen und kalt abschrecken. Eine große Pfanne erhitzen, Olivenöl hineingeben und Kartoffeln darin anbraten. Zwiebeln, Frühlingszwiebeln, Karotten, Sojabohnen und Knoblauch dazugeben. Mit Thymian, Petersilie, Salz, Pfeffer und Kreuzkümmel würzen.

Kräuterseitlinge: Kräuterseitlinge je nach Größe halbieren oder in Scheiben schneiden und in einer Pfanne mit Olivenöl anbraten. Knoblauch und Rosmarin hacken und dazugeben. Mit Cayennepfeffer und Salz würzen.

Salat: Gurke schälen und fein hobeln. Apfel schälen, vierteln, Kerngehäuse entfernen und Apfel fein hobeln. Schalotte in kleine Würfel schneiden. Dill fein schneiden. Gurken, Äpfel und Schalotten in eine Schüssel geben. Balsamicoessig, Sauerrahm und Dill dazugeben, vermengen und mit Zucker, Salz und Pfeffer abschmecken.

Zubereitungszeit: ca. 50 Minuten

Anrichten:

Die Pinienkerne hacken. Das Kürbisrisotto in Schüsseln füllen. Mit etwas japanischer Kresse und Pinienkernen bestreuen und mit Kürbiskernöl beträufeln.

Kürbisrisotto

ZUTATEN

1,2 l Gemüsebrühe / 800 g Kürbis / 300 g Risottoreis / 100 ml Hafer Cuisine / 50 g Schalotten / 1 EL Olivenöl / 1 TL Apfelessig / ¼ TL edelsüßes Paprikapulver / Salz und Pfeffer aus der Mühle

AUSSERDEM

4 EL Kürbiskernöl / 2 EL Pinienkerne / Japanische Kresse

Zubereitung

Kürbis in feine Würfel schneiden. Schalotten fein hacken und in einer Pfanne mit Olivenöl glasig anlaufen lassen. Kürbis dazugeben, mit Salz und Pfeffer würzen und etwas anlaufen lassen. Reis ebenfalls kurz mitrösten. Paprikapulver hinzufügen, mit Apfelessig ablöschen und mit etwas Gemüsebrühe auffüllen. Unter ständigem Rühren die restliche Gemüsebrühe nach und nach unter das Risotto geben. Zum Schluss Hafer Cuisine unterrühren.

Tipp:

Statt des Apfelessigs können Sie auch 1/8 l Weißwein verwenden. Variieren Sie auch mit gerösteten Kürbiskernen statt mit Pinienkernen.

Zubereitungszeit: ca. 45 Minuten

Lauch im Brotteig auf Paprikakraut und Shiitakepilzen

FÜR DEN LAUCH IM BROTTEIG
3 dünne Lauchstangen / 300 ml lauwarmes Wasser / 300 g Weizenvollkornmehl / 200 g Roggenmehl / 42 g Hefe / 1 TL Apfelsüße / je 1 TL Salz und gemahlener Kümmel / ½ TL gemahlener Fenchelsamen

FÜR DAS PAPRIKAKRAUT
600 g Sauerkraut / 400 ml Gemüsebrühe / 40 g Zwiebel / 2 EL Rapsöl / 1 EL edelsüßes Paprikapulver / je 1 EL Tomatenmark und Apfelessig / 2 Knoblauchzehen / je 1 TL brauner Zucker und Kümmel / 2 Lorbeerblätter / 5 Wacholderbeeren / Salz und Pfeffer aus der Mühle

FÜR DAS PESTO
je 1 Bund Petersilie und Pimpinelle / 100 ml Macadamiaöl / 100 g Mandeln / ½ Chilischote / abgeriebene Schale ¼ Zitrone / Salz und Pfeffer aus der Mühle

FÜR DIE PILZE
200 g Shiitakepilze / 3 EL Rapsöl / 1 Knoblauchzehe / 1 Spritzer Zitronensaft / Salz und Pfeffer aus der Mühle

FÜR DIE GARNITUR
4 Pimpinellezweige

Zubereitung

Gefülltes Brot: Beide Mehlsorten in eine Schüssel geben. Hefe in Wasser auflösen. Salz, Kümmel, Fenchel und Apfelsüße zum Mehl geben. Wasser-Hefe-Gemisch dazugeben und alles mit einem Handrührgerät zu einem geschmeidigen Teig verarbeiten. Teig auf eine bemehlte Arbeitsfläche geben und mit den Händen mindestens 5 Minuten kräftig durchkneten. Boden der Rührschüssel mit etwas Mehl ausstauben, Teig in die Schüssel zurücklegen, bedecken und ca. 40 Minuten an einem warmen Ort gehen lassen. Noch einmal auf der Arbeitsfläche durchkneten und weitere 20 Minuten gehen lassen. Wurzeln und Großteil des Grüns von den Lauchstangen abschneiden. Lauch der Länge nach bis zur Hälfte einschneiden und waschen. Teig auf der bemehlten Arbeitsfläche ca. 1 cm dünn ausrollen. Lauchstangen in der Mitte darauflegen und den Teig so darüberklappen, dass ein langes Baguette entsteht. Brot auf ein mit Backpapier belegtes Blech legen und im vorgeheizten Ofen bei 180 °C ca. 40 Minuten backen.

Lauch im Brotteig auf Paprikakraut und Shiitakepilzen

Zubereitung

Paprikakraut: Zwiebel in feine Streifen schneiden. Knoblauch fein hacken. Sauerkraut unter fließendem, kaltem Wasser etwas abspülen. Rapsöl in einem Topf erhitzen und Zwiebeln darin glasig anlaufen lassen. Knoblauch dazugeben und kurz mitrösten. Sauerkraut und Paprikapulver dazugeben, umrühren und mit Gemüsebrühe auffüllen. Zucker, Lorbeerblätter, Salz, Kümmel und Wacholderbeeren hinzugeben und alles ca. 30 Minuten auf kleiner Flamme köcheln lassen. Tomatenmark und Apfelessig unterrühren und Paprikakraut weitere 10 Minuten köcheln lassen. Mit Salz und Pfeffer abschmecken.

Pesto: Pimpinelle und Petersilie grob hacken. Kräuter mit Mandeln, Salz, Pfeffer, Zitronenschale und Chili in einen Mixbecher geben. Macadamiaöl dazugeben und mit einem Stabmixer fein pürieren. Pesto bis zum Anrichten beiseitestellen.

Pilze: Shiitake putzen und eventuell zerkleinern. Knoblauch fein hacken. Eine Pfanne erhitzen, Rapsöl hineingeben und Pilze darin anbraten. Knoblauch dazugeben und kurz mitrösten. Pilze mit Zitronensaft, Salz und Pfeffer abschmecken.

Zubereitungszeit: ca. 60 Minuten / Teigruhe: ca. 1 Stunde

Anrichten:

Das Paprikakraut mithilfe eines 10 cm großen Dessertrings in der Mitte der Teller platzieren. Das gefüllte Brot in ca. 3 – 4 cm dicke Scheiben schneiden und pro Portion zwei bis drei Scheiben auf dem Kraut anlegen. Etwas Pesto auf die Teller geben und die gebratenen Shiitake darauf verteilen. Alles mit einem Pimpinellezweig garnieren.

Anrichten:

Den Knödel aus dem Wasser heben, auspacken und in Scheiben schneiden. Knödelscheiben auf Tellern anlegen, Rahmpfifferlinge daneben anrichten und alles mit Rosmarinzweigen garnieren.

Laugenbrezelknödel an Rahmpfifferlingen

FÜR DIE KNÖDEL
500 g Laugengebäck / 400 ml Sojadrink / je 40 g getrocknete Steinpilze und Zwiebel / 3 EL Rapsöl / 2 EL glattes Weizenmehl / Muskatnuss / Salz und Pfeffer aus der Mühle

FÜR DIE PFIFFERLINGE
400 g Pfifferlinge / 250 ml Hafer Cuisine / 80 g Frühlingszwiebeln / 40 g getrocknete Tomaten / 1 Knoblauchzehe / 2 EL Olivenöl / je 1 TL gehackter Thymian und feine Petersilienstreifen / Salz und weißer Pfeffer aus der Mühle

FÜR DIE GARNITUR
2 Rosmarinzweige

Zubereitung

Knödel: Steinpilze über Nacht einweichen. Laugengebäck in Würfel schneiden. Zwiebel in feine Würfel schneiden. Steinpilze abgießen und das Wasser zur Seite stellen. Steinpilze fein hacken. Rapsöl in einer Pfanne erhitzen, Zwiebeln und Steinpilze darin anbraten. Sojadrink dazugeben und Pfanne vom Herd nehmen. Laugengebäck, Mehl, Salz, Pfeffer und Muskatnuss in eine Schüssel geben und durchmischen. Mit dem Zwiebel-Sojadrink-Gemisch übergießen, alles gut durchkneten und ca. 15 Minuten ruhen lassen. Frischhaltefolie auf der Arbeitsfläche auslegen und in der Mitte der Folie aus der Knödelmasse ein Rolle formen. Diese in die Folie einschlagen und die Enden gut eindrehen. Knödel in kochendes Wasser legen und ca. 25 Minuten auf kleinster Flamme ziehen lassen.

Pfifferlinge: Pfifferlinge putzen. Frühlingszwiebeln und Knoblauch fein hacken. Getrocknete Tomaten fein würfeln. Olivenöl in einer Pfanne erhitzen und Pfifferlinge darin anbraten. Frühlingszwiebeln und Knoblauch kurz mitrösten. Mit 5 - 6 EL Knödelkochwasser ablöschen und mit Hafer Cuisine auffüllen. Getrocknete Tomaten unter die Soße mischen, mit Salz und Pfeffer abschmecken und gehackte Kräuter untermengen.

Tipp:

Für gute Knödel braucht es – wie so oft in der Küche – das richtige Gespür für das Produkt. Deshalb geben Sie immer zuerst 2/3 der Flüssigkeit zur Knödelmasse, später können Sie immer noch etwas dazugeben. Das Brot für den Knödelteig braucht mal mehr und mal weniger Flüssigkeit. Grundsätzlich sollte die Knödelmasse schön feucht, aber nicht nass sein.

Zubereitungszeit: ca. 50 Minuten

Anrichten:

Das Lupinenragout auf Tellern anrichten. Die gegrillten Kartoffeln danebenlegen und mit etwas Rosmarin garnieren.

Lupinenragout an gegrillten Kartoffeln

FÜR DAS RAGOUT

400 g Lupinensteaks / 400 ml Gemüsebrühe / 200 g gemischte Paprika / 100 g Zwiebeln / 4 EL Rapsöl / 2 Knoblauchzehen / 2 EL edelsüßes Paprikapulver / je 1 EL Apfelessig und Tomatenmark / 1 TL glattes Weizenmehl / 1 TL Thymian / je ½ TL frisch geriebener Ingwer und Oregano / 1 Lorbeerblatt / Salz und Pfeffer aus der Mühle

FÜR DIE KARTOFFELN

600 g festkochende Kartoffeln / 3 EL Olivenöl / 4 Rosmarinzweige / Salz und Pfeffer aus der Mühle

FÜR DIE GARNITUR

2 Rosmarinzweige

Zubereitung

Ragout: Lupinensteaks in ca. 5 mm dicke Scheiben schneiden. Paprika in dünne Streifen schneiden. Zwiebeln ebenfalls in dünne Streifen schneiden. Knoblauch fein hacken. 2 EL Rapsöl in einer Pfanne erhitzen und Lupinenstücke darin kross anbraten. Lupinenstücke aus der Pfanne heben und beiseitestellen. Zwiebeln, Paprika und Knoblauch mit dem restlichen Öl in der Pfanne anbraten. Tomatenmark dazugeben und kurz mitrösten. Paprikapulver und Mehl hinzugeben und ebenfalls kurz mitrösten. Mit Apfelessig ablöschen und mit Gemüsebrühe auffüllen. Ingwer, Lorbeerblatt, Oregano und Thymian dazugeben. Die Soße ca. 10 Minuten unter gelegentlichem Rühren auf kleiner Flamme köcheln lassen, danach mit Salz und Pfeffer abschmecken. Die Lupinenstücke in die Sauce geben und ca. 2 Minuten darin ziehen lassen.

Kartoffeln: Ungeschälte Kartoffeln in leicht gesalzenem Wasser nicht zu weich kochen. Nach dem Kochen halbieren und in eine Schüssel geben. Mit Salz und Pfeffer würzen. Rosmarinzweige und Olivenöl dazugeben und alles gut durchmischen. Eine Grillpfanne erhitzen und die Kartoffeln darin von beiden Seiten anbraten.

Zubereitungszeit: ca. 60 Minuten

Anrichten:
Die Lupinensteaks in der Mitte der Teller platzieren. Den Rosenkohl auf beiden Seiten anrichten und alles mit einigen Paprikawürfeln bestreuen.

Lupinensteak in Walnusskruste an Rosenkohl

FÜR DIE LUPINENSTEAKS
4 Lupinensteaks à ca. 100 g / 5 EL Olivenöl / 1 TL Thymian / 1 Spritzer Zitronensaft / 1 Prise Salz / Cayennepfeffer

FÜR DIE KRUSTE
6 EL gemahlene Walnüsse / 70 g vegane Margarine / 2 EL fein geschnittene Petersilie / ¼ TL braunes Senfmehl / Meersalz und weißer Pfeffer aus der Mühle

FÜR DEN ROSENKOHL
500 g Rosenkohl / 200 ml Gemüsebrühe / 100 ml Mandel Cuisine / je 1 rote Paprika und Zwiebel / 2 EL Rapsöl / je 2 EL Rosinen und Dill / 1 EL glattes Weizenmehl / 1 Spritzer Zitronensaft / Salz und Pfeffer aus der Mühle

Zubereitung

Lupinensteak: Thymian fein hacken. 3 EL Olivenöl mit Thymian, Salz, Cayennepfeffer und Zitronensaft verrühren. Lupinensteaks damit bestreichen. Für die Kruste Margarine, Walnüsse, Petersilie, Senfmehl, Salz und Pfeffer in einer kleinen Schüssel mit einer Gabel verkneten und ca. 1 Stunde kühl stellen. Ofen auf 220 °C vorheizen. Lupinensteaks in einer Pfanne mit restlichem Olivenöl von beiden Seiten scharf anbraten, aus der Pfanne heben und mit Nussmasse bedecken. Im vorgeheizten Ofen ca. 10 Minuten backen. Zum Schluss die Grillstufe kurz dazuschalten, damit die Kruste schön braun wird.

Rosenkohl: Rosenkohl putzen und vierteln. Zwiebel fein hacken. Paprika halbieren, Kerngehäuse entfernen und Paprika in feine Würfel schneiden. Einige Paprikawürfel für die Garnitur beiseitelegen. Rosenkohl in gesalzenem Wasser bissfest garen, dann in kaltem Wasser abschrecken. Zwiebeln und Paprika in einem Topf mit Rapsöl anlaufen lassen, mit Mehl stauben und dieses kurz mitschwitzen. Mit Gemüsebrühe auffüllen und ca. 10 Minuten köcheln lassen. Mandel Cuisine, Rosinen und Rosenkohl dazugeben und noch einmal aufkochen lassen. Dill hacken und dazugeben. Mit Zitronensaft, Salz und Pfeffer abschmecken.

Zubereitungszeit: ca. 40 Minuten / Kühlzeit: ca. 60 Minuten

Rosenkohlgröstl im Filoteig

ZUTATEN

je 300 g Rosenkohl und festkochende Kartoffeln / 1 Packung Filoteig ca. 250 g / 100 g Karotten / 6 EL Olivenöl / 50 g rote Zwiebeln / 1 Bund Petersilie / ½ Tasse Rotkohlsprossen / 2 Knoblauchzehen / je ½ TL gemahlener Kümmel und frisch geriebener Ingwer / 1 Prise brauner Zucker / Salz und Pfeffer aus der Mühle

Zubereitung

Ungeschälte Kartoffeln in Salzwasser kochen. Rosenkohl putzen und halbieren. Karotten in dünne Scheiben schneiden. Zwiebeln in Streifen schneiden und Knoblauch fein hacken. Petersilie grob hacken. Rosenkohl und Karotten in leicht gesalzenem Wasser kurz blanchieren und abgießen. Kartoffeln abgießen, pellen und in ca. 4 mm dünne Scheiben schneiden. 3 EL Olivenöl in einer Pfanne erhitzen und Kartoffeln darin anbraten. Zwiebeln, Rosenkohl, Knoblauch und Karotten dazugeben und kurz mitrösten. Mit Zucker, Kümmel, Ingwer, Salz und Pfeffer abschmecken. Rotkohlsprossen und Petersilie unterrühren. Vier feuerfeste Müslischalen mit Filoteig auslegen. Dafür Teigblätter vorher so auf Schalengröße zurechtschneiden, dass der Teig über das Gemüse geschlagen werden kann. Eine erste Teigschicht in der Müslischale auslegen und mit etwas Olivenöl beträufeln. Eine weitere Teigschicht darauflegen. Gemüse hineinfüllen und Teigränder darüberschlagen. Die Schalen auf ein Backblech stellen und im vorgeheizten Ofen bei ca. 220 °C ca. 15 Minuten backen und sofort servieren.

Tipp:

Servieren Sie dazu einen Knoblauch-Kräuter-Dip und ein schönes Baguette.

Zubereitungszeit: ca. 60 Minuten

Rote-Bete-Eintopf

ZUTATEN

1,5 l Gemüsebrühe / 500 g Rote Bete / 250 g festkochende Kartoffeln / je 200 g Karotten und gekochte weiße Bohnen / 50 g Zwiebeln / 2 EL Hanföl / 2 Knoblauchzehen / 1 EL Apfel-Balsamicoessig / 1 TL gemahlener Kümmel / 4 Wacholderbeeren / 3 Lorbeerblätter / 2 Pimentkörner / Salz und Pfeffer aus der Mühle

FÜR DIE GARNITUR

4 Kerbelzweige

Zubereitung

Rote Bete, Kartoffeln und Karotten in ca. 2 cm große Stücke schneiden. Zwiebeln ebenfalls in 2 cm große Würfel schneiden. Knoblauch fein hacken. Einen großen Topf auf dem Herd erhitzen, Hanföl hineingeben und Zwiebeln darin anschwitzen. Rote Bete und Knoblauch dazugeben und mit Gemüsebrühe auffüllen. Pimentkörner, Lorbeerblätter, Wacholderbeeren und Kümmel hineingeben und alles ca. 20 Minuten auf kleiner Flamme köcheln lassen. Kartoffeln, Karotten und Bohnen dazugeben und weitere 15 Minuten köcheln lassen. Zuletzt den Apfel-Balsamicoessig hinzufügen und Eintopf mit Salz und Pfeffer abschmecken.

Anrichten:

Den Rote-Bete-Eintopf in Tassen einfüllen und mit Kerbel garnieren.

Zubereitungszeit: ca. 50 Minuten

Anrichten:
Die Schupfnudelnpfanne in tiefen Tellern oder Schüsseln anrichten und mit Kresse bestreuen.

Schupfnudelpfanne mit Shiitakepilzen

FÜR DIE SCHUPFNUDELN
800 g mehligkochende Kartoffeln / 200 g griffiges Weizenmehl / 30 g Kartoffelstärke / 1 Prise Muskatnuss / Salz

FÜR DIE SHIITAKE
400 g Shiitakepilze / 1 rote Paprika / 3 Schalotten / 1 Bund Petersilie / 4 EL Olivenöl / 1 Knoblauchzehe / je 1 TL Thymian und Rosmarin / Salz und Pfeffer aus der Mühle

FÜR DIE GARNITUR
etwas Petersilie

Zubereitung

Schupfnudeln: Kartoffeln in leicht gesalzenem Wasser weich kochen. Nach dem Pellen durch die Kartoffelpresse drücken. Mehl, Kartoffelstärke und Kartoffeln in eine Schüssel geben, mit Salz und Muskatnuss würzen und rasch zu einem Teig verarbeiten. Auf einer bemehlten Arbeitsfläche eine ca. 4 cm dicke Rolle formen. Von dieser Nockerln abstechen und daraus Schupfnudeln formen. Schupfnudeln in leicht gesalzenem Wasser ca. 5 Minuten mehr ziehen als köcheln lassen.

Pilze: Shiitakepilze putzen und je nach Größe halbieren. Paprika halbieren, Kerngehäuse entfernen und Paprika in feine Streifen schneiden. Schalotten in feine Streifen schneiden. Knoblauch, Petersilie, Thymian und Rosmarin fein hacken. Eine Pfanne erhitzen und Olivenöl hineingeben. Shiitake, Paprika, Schalotten und Knoblauch darin anbraten. Mit Salz und Pfeffer würzen, Schupfnudeln dazugeben und kurz mitrösten. Petersilie, Thymian und Rosmarin unterrühren.

Tipp:
Kartoffelteig selbst zu machen braucht etwas Übung, aber wenn man den Dreh raus hat, ist es denkbar einfach. Sie brauchen nur etwas Gefühl für den Teig. Geben Sie nie die ganze Menge Mehl auf einmal dazu. Kartoffeln brauchen mal mehr, mal weniger Mehl, je nach Sorte, Lagerdauer …
Machen Sie am besten immer erst eine Kochprobe, dann sind Sie auf der sicheren Seite, wenn Sie dieses leckere Gericht für Gäste zubereiten.

Zubereitungszeit: ca. 90 Minuten

Anrichten:

Das Feldsalatrisotto in der Mitte der Teller anrichten. Die Schwarzwurzeln darauf anlegen und mit der Sauce Hollandaise nappieren.
Alles mit etwas Kresse garnieren.

Schwarzwurzeln auf Feldsalatrisotto und Sauce Hollandaise

FÜR DIE SCHWARZWURZELN
12 Schwarzwurzeln (ca. 1 kg) / Essig für das Essigwasser (3 – 4 EL auf 500 ml Wasser) / 4 EL Olivenöl / 1 EL Zitronensaft / 1 Prise Zucker / Salz und weißer Pfeffer aus der Mühle

FÜR DAS RISOTTO
500 ml Gemüsebrühe / 150 g Risottoreis / 100 ml Hafer Cuisine / 60 g Feldsalat / je 1 Schalotte und Knoblauchzehe / 2 EL Olivenöl / 1 EL Apfelessig / Salz und Pfeffer aus der Mühle

FÜR DIE SAUCE HOLLANDAISE
150 g Seidentofu / 8 EL Schwarzwurzelfond / 40 ml Rapsöl / 1 EL gehackter Estragon / 1 TL Apfelessig / ¼ TL Kurkuma / 1 Msp. Dijon-Senf / Salz und weißer Pfeffer aus der Mühle

FÜR DIE GARNITUR
einge Kresseblätter

Zubereitung

Schwarzwurzeln: Schwarzwurzeln schälen, abspülen und in Essigwasser legen. Schwarzwurzeln in kochendem Salzwasser ca. 15 Minuten garen. In eine Pfanne Olivenöl, Zitronensaft und Zucker geben und Schwarzwurzeln darin schwenken. Mit etwas Salz und Pfeffer würzen.

Risotto: Schalotte und Knoblauch in feine Würfel schneiden. Feldsalat waschen und gut abtropfen. Gemüsebrühe in einen Topf geben und einmal aufkochen lassen. Hitze reduzieren und Flüssigkeit warm halten. Olivenöl in einem Topf erhitzen, Schalotten und Knoblauch darin anlaufen lassen. Risottoreis dazugeben, kurz anschwitzen, etwas salzen und mit einer großen Kelle Gemüsebrühe ablöschen. Flüssigkeit unter Rühren einkochen lassen, dann erneut Flüssigkeit dazugeben. Diesen Vorgang wiederholen, bis die Brühe aufgebraucht ist. Feldsalat und Hafer Cuisine unterrühren und Risotto mit Apfelessig und Pfeffer abschmecken.

Sauce Hollandaise: Rapsöl etwas erwärmen. Seidentofu, Kochfond, Kurkuma, Salz, Apfelessig, Estragon, Senf in einen Mixbecher geben. Mit einer Prise weißem Pfeffer würzen und einem Stabmixer kurz mixen. Rapsöl mithilfe des Stabmixers langsam unter den Seidentofu arbeiten. Je nach Konsistenz des Tofus etwas mehr oder weniger Rapsöl verwenden. Eine Sauce Hollandaise sollte eine schön sämige Konsistenz haben.

Zubereitungszeit: ca. 70 Minuten

Anrichten:

Die Spinatrahmsoße in kleine Auflaufformen füllen. Vier Sellerie-Cannelloni hineinsetzen und die Portionen mit etwas Rotkohlsprossen und Gomasio garnieren.

Sellerie-Cannelloni in Spinatrahmsoße

FÜR DIE CANNELLONI

1 großer Knollensellerie / 1 großer Apfel / 100 g Cashewkerne / 1 Karotte / 1 EL Meerrettich / 1 EL Zitronensaft / je 1 Prise Zucker, gemahlener Piment und Muskatnuss / Salz und Pfeffer aus der Mühle

FÜR DIE SOSSE

500 g Spinat / je 100 ml Hafer Cuisine und Gemüsebrühe / 40 g Schalotte / 3 EL Olivenöl / 1 EL glattes Weizenmehl / 2 Knoblauchzehen / ½ TL frisch geriebener Ingwer / 1 Prise Muskatnuss / Salz und Pfeffer aus der Mühle

FÜR DIE GARNITUR

Rotkohlsprossen / etwas Gomasio

Zubereitung

Cannelloni: Cashewkerne ca. 3 Stunden in Wasser einweichen lassen. Sellerie mit einer Aufschnittmaschine in 25 ca. 2 mm dünne Scheiben schneiden. Scheiben in einen Topf geben und mit Wasser bedecken. Zitronensaft, Salz und Zucker dazugeben, alles aufkochen und ca. 1 Minute köcheln lassen. Selleriescheiben abgießen und kalt abschrecken. Karotte in feine Streifen schneiden. Apfel schälen, vierteln, Kerngehäuse entfernen und Apfel grob raspeln. Meerrettich reiben. Cashewkerne und Meerrettich mit etwas Einweichwasser im Mixer pürieren. Karotte und Apfel unterrühren. Mit Salz, Pfeffer, Piment und Muskat abschmecken. Selleriescheiben auf der Arbeitsfläche auslegen, Füllung darauf verteilen und glatt streichen. Scheiben zu Cannelloni aufrollen, auf ein Lochblech setzen und ca. 10 Minuten im Dampfgarer dämpfen.

Soße: Spinat putzen und waschen. Schalotte und Knoblauch fein hacken. Olivenöl in einem Topf erhitzen. Schalotten, Knoblauch und Ingwer darin anlaufen lassen. Mehl dazugeben und kurz mitschwitzen, mit Gemüsebrühe und Hafer Cuisine auffüllen und Soße ca. 10 Minuten köcheln lassen. Spinat dazugeben, zusammenfallen lassen und kurz mitkochen lassen. Alles mit einem Stabmixer pürieren und mit Salz, Pfeffer und Muskatnuss abschmecken.

Tipp:

Schneiden Sie aus dem Sellerie lieber mehr Cannellonischeiben. Sie brauchen zwar nur 20, aber beim Kochen oder Füllen geht leicht etwas kaputt. So kommen Sie nicht in die Verlegenheit, kaputte Scheiben benutzen oder von vorn beginnen zu müssen.

Zubereitungszeit: ca. 50 Minuten / Einweichzeit: ca. 3 Stunden

Anrichten:

Pro Portion drei Spinatnockerln auf einen Teller setzen. Gebratene Shiitakepilze darauf anrichten.

Spinatnockerln an Shiitakepilzen

FÜR DIE NOCKERLN

800 g Spinat / 300 g Knödelbrot / 280 ml Sojadrink / 150 g glattes Weizenmehl / 80 g Seidentofu / 40 g Zwiebel / 30 g vegane Margarine / 2 Knoblauchzehen / 1 Prise Muskatnuss / Salz und Pfeffer aus der Mühle

FÜR DIE PILZE

250 g Shiitakepilze / 50 ml Gemüsebrühe / 1 Bund Petersilie / 4 EL Olivenöl / 1 EL Sesamöl / 1 Knoblauchzehe / Salz und Pfeffer aus der Mühle

Zubereitung

Nockerln: Spinat gründlich waschen, gut abtrocknen, dicke Stiele entfernen und Spinat klein schneiden. Zwiebel in feine Würfel schneiden. Knoblauch fein hacken. Margarine in einem Topf erhitzen. Zwiebeln und Knoblauch darin anlaufen lassen. Spinat dazugeben und zusammenfallen lassen. Spinat in einem Sieb gut abtropfen lassen. Sojadrink lauwarm erwärmen. Seidentofu grob mit einer Gabel zerdrücken. Knödelbrot, Seidentofu, Mehl, Salz, Pfeffer und Muskatnuss in einer Schüssel vermengen. Spinat und Sojadrink dazugeben und gut durchmischen. Teig ca. 20 Minuten ruhen lassen. Zwölf gleich große Nockerln formen, auf ein leicht geöltes Lochblech setzen und im Dampfgarer ca. 20 Minuten dämpfen.

Pilze: Shiitakepilze putzen und eventuell zerkleinern. Knoblauch in feine Streifen schneiden. Petersilie fein hacken. Sesam- und Olivenöl in einer Pfanne erhitzen und Shiitake darin anbraten. Knoblauch dazugeben und kurz mitrösten. Mit Gemüsebrühe ablöschen, Petersilie dazugeben und Pilze mit Salz und Pfeffer abschmecken.

Tipp:

Als Knödelbrot nehmen Sie am besten altbackene Brötchen, die Sie in feine Würfel schneiden.

Zubereitungszeit: ca. 60 Minuten

Auch eine schöne Vorspeise

Anrichten:
Pro Portion eine Auberginenhälfte auf einen Teller setzen und den Spinat-Quinoa-Salat darauf anrichten.

Spinat-Quinoa-Salat auf gebratener Aubergine

FÜR DIE AUBERGINEN

2 Auberginen / 4 EL Olivenöl / je 2 Knoblauchzehen und Rosmarinzweige / 1 Lorbeerblatt / ½ Zitrone / Salz und Pfeffer aus der Mühle

FÜR DEN SALAT

400 g Spinat / 1 Granatapfel / 80 g Quinoa / 1 rote Zwiebel / je 3 EL Zitronensaft und Hanföl / 1 Prise brauner Zucker / Salz und Pfeffer aus der Mühle

Zubereitung

Auberginen: Auberginen der Länge nach halbieren. Fruchtfleisch kreuzweise einschneiden und Auberginen in eine Kasserolle legen. Zitrone in Scheiben schneiden. Ungeschälten Knoblauch, Rosmarinzweige, Lorbeerblatt, Zitrone und Olivenöl dazugeben, alles gut durchmischen und mit Salz und Pfeffer würzen. Auberginen im Ofen bei 220 °C ca. 20 Minuten unter einmaligem Wenden backen.

Salat: Quinoa in ein Sieb geben und gut abspülen. 270 ml leicht gesalzenes Wasser zum Kochen bringen, Quinoa hineingeben und aufkochen lassen. Hitze reduzieren und Quinoa ca. 15 Minuten auf kleiner Flamme köcheln lassen. Vom Herd nehmen und auskühlen lassen. Zwiebel in Streifen schneiden. Spinat waschen und gut abtrocknen. Granatapfel halbieren und Kerne aus der Frucht herauslösen. Zitronensaft mit Hanföl verrühren und Salz, Pfeffer und Zucker dazugeben. Spinat, Quinoa, Granatapfelkerne und Zwiebeln mit dem Dressing vermengen und mit Salz und Pfeffer abschmecken.

Zubereitungszeit: ca. 40 Minuten

Anrichten:

Den Spinat in Schälchen füllen, mit Dressing beträufeln und die Schälchen auf Tellern platzieren. Tomatenragout daneben anrichten. Pro Portion zwei Paprika darauf anlegen, eine gebackene Knoblauchzehe dazugeben und mit etwas Petersilie bestreuen.

Spitzpaprika mit Polenta-Feigen-Füllung auf Tomatenragout an Spinatsalat

FÜR DIE PAPRIKA
8 kleine orange Spitzpaprika / 200 ml Gemüsebrühe / 6 EL Olivenöl / 4 Knoblauchzehen / Salz

FÜR DIE FÜLLUNG
400 ml Gemüsebrühe / 130 g weiße Polenta / 80 g getrocknete Feigen / 3 EL Olivenöl / ½ TL abgeriebene Zitronenschale / Salz

FÜR DAS RAGOUT
450 g gestückelte Tomaten aus der Dose / 40 g Zwiebel / 1 Knoblauchzehe / 2 EL Olivenöl / 2 EL Rosmarin / ½ Chilischote / ⅓ TL brauner Zucker / Salz und Pfeffer aus der Mühle

FÜR DEN SPINATSALAT
100 g Spinat / 100 ml Sojajoghurt / 3 EL Olivenöl / 2 EL Minze / 1 Schalotte / Saft ½ Zitrone / 1 TL Apfelsüße / Salz und Pfeffer aus der Mühle

FÜR DIE GARNITUR
2 EL gehackte Petersilie

Zubereitung

Paprika: Feigen in kleine Würfel schneiden. Gemüsebrühe zum Kochen bringen und Polenta einrühren. Alles so lange mit einem Kochlöffel umrühren, bis eine zähe Masse entstanden ist. Olivenöl, Feigen und Zitronenschale unterrühren und Füllung mit etwas Salz abschmecken. Deckel der Paprika abschneiden, Kerngehäuse entfernen und Polentamasse mithilfe eines Spritzbeutels in die Paprika einfüllen. Paprika in eine Auflaufform legen, mit Olivenöl beträufeln und leicht salzen. Ungeschälten Knoblauch dazugeben und alles im Ofen bei ca. 220 °C ca. 10 Minuten backen. Gemüsebrühe angießen und Paprika weitere 10 Minuten backen.

Ragout: Zwiebel und Knoblauch in feine Würfel schneiden. Olivenöl in einem Topf erhitzen. Zwiebel und Knoblauch darin anlaufen lassen. Zucker dazugeben, kurz weiterrösten, Tomatenstücke hinzugeben und alles auf kleiner Flamme ca. 10 Minuten köcheln lassen. Rosmarin und Chili fein hacken, zum Ragout dazugeben und alles mit Salz und Pfeffer abschmecken.

Salat: Spinat putzen, waschen und gut trocken schleudern. Schalotte in feine Streifen schneiden und mit Spinat mischen. Minze fein hacken. Für die Dressing Sojajoghurt mit Olivenöl, Zitronensaft, Apfelsüße und Minze glatt rühren und mit Salz und Pfeffer abschmecken.

Zubereitungszeit: ca. 70 Minuten

Tipp:

Statt Süßkartoffeln können Sie auch Knollensellerie oder Kohlrabi verwenden. Knoblauchzehen werden hier mit der Schale mitangerichtet. Holen Sie die Zehen erst am Tisch aus der Schale, und zerdrücken Sie das Innere etwas.

Süßkartoffeln in Masalasoße mit grünen Bohnen und knusprigen Kartoffelspalten

FÜR DIE SÜSSKARTOFFELN IN SOSSE

400 g Süßkartoffeln / 300 ml Kokosmilch / 200 ml Hafer Cuisine / 100 ml Sojajoghurt / 2 Knoblauchzehen / Saft ½ Zitrone / je 2 TL Koriandersamen, Kreuzkümmel und edelsüßes Paprikapulver / je 1 TL Salz, frisch geriebener Ingwer, Garam Masala und Pfeffer aus der Mühle / 1 Chilischote / ½ TL Fenchelsamen

FÜR DIE KARTOFFELSPALTEN

500 g festkochende Kartoffeln / 3 EL Olivenöl / 2 EL Polenta / 4 Knoblauchzehen / 1 Rosmarinzweig / Salz und Pfeffer aus der Mühle

FÜR DIE BOHNEN

400 g grüne Bohnen / 2 Schalotten / 2 TL Rapsöl / 1 Prise brauner Zucker / Salz und Pfeffer aus der Mühle

FÜR DIE RÖSTZWIEBELN

ca. 250 ml Öl zum Ausbacken / 100 g Zwiebeln / 2 EL glattes Weizenmehl / ½ TL Paprikapulver / Salz

Zubereitung

Süßkartoffeln: Süßkartoffeln in ca. 1 cm dicke Scheiben schneiden und in eine Auflaufform geben. Chili halbieren, Kerne entfernen und Chili fein hacken. Knoblauch fein hacken. Koriandersamen, Fenchelsamen und Kreuzkümmel in einer Pfanne trocken anrösten und in einen Mörser füllen. Ingwer, Paprikapulver, Knoblauch, Salz, Garam Masala, Pfeffer und Chili dazugeben und das Ganze ordentlich mahlen. Kokosmilch und Hafer Cuisine in einem Topf zum Kochen bringen. Gewürzmischung dazugeben und alles einmal aufkochen lassen. Sojajoghurt und Zitronensaft unterrühren und Soße gleichmäßig über den Süßkartoffeln verteilen. Süßkartoffeln im Ofen bei ca. 200 °C ca. 30 Minuten backen.

Süßkartoffeln in Masalasoße mit grünen Bohnen und knusprigen Kartoffelspalten

Kartoffelspalten: Rosmarinnadeln abzupfen. Kartoffeln mit einem Schwamm sauber bürsten, in Spalten schneiden und in eine Auflaufform geben. Polenta, Olivenöl, ungeschälten Knoblauch, Rosmarin, Salz und Pfeffer dazugeben und alles gut durchmischen. Im Ofen bei ca. 200 °C ca. 20 Minuten backen.

Bohnen: Bohnen putzen, in gesalzenem Wasser bissfest garen, dann abschrecken. Schalotten fein würfeln. Eine Pfanne erhitzen, Rapsöl hineingeben und Schalotten darin anbraten. Bohnen dazugeben und mit Zucker, Salz und Pfeffer würzen.

Röstzwiebeln: Zwiebeln in ca. 5 mm breite Streifen schneiden. Zwiebeln in eine Schüssel geben, leicht salzen. Mehl und Paprikapulver darübergeben und alles gut durchmischen. Zwiebeln in heißem Öl ausbacken und auf Küchenkrepp abtropfen lassen.

Zubereitungszeit: ca. 70 Minuten

Anrichten:

Die Süßkartoffelscheiben mit etwas Soße mittig auf Tellern anrichten und mit Röstzwiebeln. Die grünen Bohnen danebenlegen. Ein paar Kartoffelspalten und je eine Knoblauchzehe auf der anderen Seite anlegen.

Anrichten:

Die Süßkartoffeltaler auf Tellern anrichten. Den Spinat darauf platzieren und die Soße in einer Bahn um den Taler ziehen.

Süßkartoffeltaler in Nusskruste an jungem Spinat

FÜR DIE SÜSSKARTOFFELTALER

600 g Süßkartoffeln / ca. 100 g gemahlene Haselnüsse / 5 EL Rapsöl zum Braten / 50 g dunkles Weizenmehl (Typ 550) / 40 g Weizengrieß / je ½ TL gemahlener Kreuzkümmel und Koriander / Schale ½ Zitrone / Salz und weißer Pfeffer aus der Mühle

FÜR DIE SOSSE

300 ml Gemüsebrühe / je 50 g Karotten und Knollensellerie / je 20 g Lauch und Zwiebel / 1 EL Rapsöl / 1 TL Tomatenmark / 1 TL glattes Weizenmehl / 2 Wacholderbeeren / je 1 Lorbeerblatt und Thymianzweig / Salz und Pfeffer aus der Mühle

FÜR DEN SPINAT

400 g junge Spinatblätter / 2 Schalotten / 2 EL Olivenöl / 1 EL Balsamicoessig / 1 Knoblauchzehe / Muskatnuss / Salz und Pfeffer aus der Mühle

Zubereitung

Süßkartoffeltaler: Süßkartoffeln in leicht gesalzenem Wasser weich kochen. Nach dem Abgießen mit einem Kartoffelstampfer zerdrücken. Mehl, Weizengrieß, Kreuzkümmel, Zitronenschale und Koriander untermengen und mit Salz und Pfeffer abschmecken. Die Masse für ca. 60 Minuten kühl stellen. Aus der Masse Taler formen, in den Haselnüssen wenden und in heißem Rapsöl von beiden Seiten anbraten.

Soße: Karotte, Sellerie, Lauch und Zwiebel in ca. 1 cm große Stücke schneiden. Rapsöl in einem Topf erhitzen und Gemüse darin anbraten. Tomatenmark dazugeben, kurz mitrösten, mit Mehl stauben und dieses ebenfalls kurz mitrösten. Mit Gemüsebrühe auffüllen. Lorbeerblatt, Thymianzweige und angedrückte Wacholderbeeren dazugeben und alles ca. 30 Minuten auf kleiner Flamme köcheln lassen. Lorbeerblatt und Thymian entfernen und Gemüse mit einem Stabmixer fein pürieren. Soße mit Salz und Pfeffer abschmecken.

Spinat: Spinat putzen und gründlich waschen. Schalotten und Knoblauch fein hacken. Olivenöl in einem Topf erhitzen, Schalotten und Knoblauch darin anlaufen lassen. Spinat dazugeben und kurz mitrösten. Mit Salz, Pfeffer und Muskatnuss würzen und mit Balsamicoessig ablöschen.

Zubereitungszeit: ca. 50 Minuten / Kühlzeit: ca. 1 Stunde

Anrichten:
Die Olivenpolenta in Schüsseln füllen und den Vulkanspargel darauf anrichten.

Vulkanspargel mit Kapern auf Olivenpolenta

FÜR DEN VULKANSPARGEL

600 g Vulkanspargel / 50 g Kapernbeeren / je 50 ml Olivenöl und Gemüsebrühe / 2 Knoblauchzehen / 1 EL Zitronensaft / 1 EL Rosmarin / brauner Zucker / Salz und Pfeffer aus der Mühle

FÜR DIE OLIVENPOLENTA

880 ml Gemüsebrühe / 160 g Polenta / 100 g entsteinte schwarze Oliven / 6 EL Olivenöl / 50 g rote Paprika / 3 Schalotten / 1 Knoblauchzehe / Salz und Pfeffer aus der Mühle

Zubereitung

Spargel: Vulkanspargel putzen und in nicht zu kleine Stücke zerteilen. Kapernbeeren von den Stielen befreien, in ca. 5 mm dünne Scheiben schneiden. Knoblauch in Scheiben schneiden. Rosmarin hacken. Olivenöl in einer Pfanne erhitzen und Vulkanspargel darin anbraten. Knoblauch und Rosmarin dazugeben und mit Zucker, Salz und Pfeffer würzen. Mit Gemüsebrühe und Zitronensaft ablöschen. Kapernbeeren dazugeben und alles ca. 5 Minuten leicht köcheln lassen.

Polenta: Schalotten und Knoblauch fein hacken. Oliven in ca. 5 mm dünne Scheiben schneiden. Paprika in feine Würfel schneiden. 2 EL Olivenöl in einem Topf erhitzen, Paprika, Schalotten und Knoblauch darin anlaufen lassen. Polenta dazugeben und kurz mitrösten. Mit Gemüsebrühe auffüllen und mit Salz und Pfeffer würzen. Polenta unter ständigem Rühren auf kleiner Flamme ca. 10 Minuten quellen lassen, dann Oliven und restliches Olivenöl unterrühren.

Tipp:

Sollten Sie keine Gemüsebrühe zu Hause haben, nehmen Sie für die Polenta einfach Wasser, das Sie mit Salz, Pfeffer und eventuell einer Prise Muskatnuss würzen. Sie werden sehen, auch so schmeckt Polenta hervorragend.

Vulkanspargel, auch als Puntarella bekannt, hat einen leicht bitteren Geschmack und gehört zur Familie der Zichoriengewächse. Er kann roh oder gekocht verwendet werden.

Zubereitungszeit: ca. 30 Minuten

Auch eine schöne Vorspeise

Weißes Curry mit Cashewkernen und Rosinen

ZUTATEN

800 ml Kokosmilch / 300 g Auberginen / je 200 g Zucchini und Karotten / je 100 g Rosenkohl und Schalotten / je 3 EL Cashewkerne und Rosinen / 2 EL Erdnussöl / 2 Knoblauchzehen / 1 EL frisch geriebener Ingwer / 1 grüne Chilischote / 1 Stängel Zitronengras / 4 Curryblätter / 2 Kaffirlimettenblätter / 1 Prise Zimt / Salz

Zubereitung

Rosinen in etwas Wasser einlegen und leicht quellen lassen. Auberginen in ca. 1 cm große Würfel schneiden. Zucchini in dünne Scheiben schneiden, Karotten in Scheiben schneiden. Rosenkohl halbieren. Schalotten in Ringe schneiden. Knoblauch fein hacken. Chili halbieren, Kerne entfernen und Chili in feine Streifen schneiden. Zitronengras in ca. 2 cm große Stücke schneiden und mit dem Messerrücken leicht anquetschen. Einen Wok stark erhitzen. Erdnussöl hineingeben und darin Schalotten, Knoblauch, Chili, Zitronengras, Curryblätter und Kaffirlimettenblätter ca. 1 Minute anbraten. Dann Gemüse und Ingwer dazugeben und kurz mitrösten. Mit Kokosmilch ablöschen, danach Rosinen und Cashewkerne dazugeben und das Curry ca. 10 Minuten leicht köcheln lassen. Mit Zimt und Salz abschmecken.

Anrichten:

Das weiße Curry in Schüsseln füllen und Reis dazu reichen. Besonders gut passt Basmatireis (siehe S. 111) zum Curry.

Zubereitungszeit: ca. 40 Minuten

Anrichten:

Den Rotkohl auf Tellern oder in Schüsseln anrichten. Die Wirsingrouladen halbieren, auf dem Rotkohl anlegen und mit einigen Granatapfelkernen und Petersilienblättern garnieren.

Wirsingroulade auf Rotkohl

FÜR DEN ROTKOHL
600 g Rotkohl / 200 ml Gemüsebrühe / je 1 Granatapfel, Apfel und Zwiebel / Saft 1 Orange / je 2 EL Preiselbeermarmelade und Rapsöl / 1 EL Balsamicoessig / je 1 TL brauner Zucker und Kartoffelstärke / 4 Wacholderbeeren / 3 Gewürznelken / 1 Lorbeerblatt / ½ Zimtstange / Salz und Pfeffer aus der Mühle

FÜR DIE ROULADE
4 große Wirsingblätter / 400 ml Gemüsebrühe / 100 g Risottoreis / 100 g gekochte Sojabohnen / 80 g gekochte Linsen / 2 EL Olivenöl / 1 Schalotte / 4 Datteln / Salz und Pfeffer aus der Mühle

FÜR DIE GARNITUR
ein paar Petersilienblätter

Zubereitung

Rotkohl: Rotkohl putzen, vierteln, Strunk herausschneiden und Kohl in feine Streifen schneiden. Zwiebel ebenfalls in feine Streifen schneiden. Apfel schälen, vierteln, Kerngehäuse entfernen und Apfel grob reiben. Granatapfel halbieren und Kerne aus der Frucht herauslösen. Einige Kerne für die Garnitur zur Seite stellen. Rapsöl in einem Topf erhitzen, Zwiebeln darin anlaufen lassen. Rotkohl und Äpfel dazugeben und mit Gemüsebrühe auffüllen. Granatapfelkerne, Orangensaft, Preiselbeermarmelade, Zucker, Wacholderbeeren, Gewürznelken, Zimtstange und Lorbeerblatt hineingeben und mit Salz und Pfeffer würzen. Alles ca. 45 Minuten auf kleiner Flamme köcheln lassen, dabei immer wieder etwas Wasser dazugeben. Balsamicoessig hinzugeben und mit Salz und Pfeffer abschmecken. Stärke mit 2 EL Wasser glatt rühren und Rotkohl damit abziehen.

Roulade: Wirsingblättern ablösen, Strunk ausschneiden, Blätter mit kochendem Wasser kurz überbrühen, dann kalt abschrecken. Schalotte und Datteln fein würfeln. Gemüsebrühe in einem Topf erhitzen. Olivenöl in einem anderen Topf erhitzen. Schalotten darin anlaufen lassen, Reis dazugeben, leicht salzen und kurz mitrösten. Mit einer Kelle Gemüsebrühe ablöschen und einreduzieren lassen. Vorgang wiederholen, bis die Gemüsebrühe aufgebraucht ist. Sojabohnen, Linsen und Datteln unterrühren, mit Salz und Pfeffer abschmecken und Reis auskühlen lassen. Füllung auf die Wirsingblätter streichen und Blätter einrollen. Rouladen so auf ein Lochblech setzen, dass die Verschlussseite nach unten zeigt, und im Dampfgarer ca. 20 Minuten garen.

Zubereitungszeit: ca. 70 Minuten

Anrichten:
Die Pfannkuchen zu einer Tasche zusammenklappen und auf Teller legen. Das gebratene Gemüse hineinfüllen und servieren.

Wokgemüse im Pfannkuchen

FÜR DIE PFANNKUCHEN
500 ml Mandeldrink / 250 g Dinkelmehl / 50 g zerlassene vegane Margarine / 1 Msp. Weinsteinbackpulver / ½ TL Salz / Öl zum Backen

FÜR DIE FÜLLUNG
4 Pak Choi / 200 ml Gemüsebrühe / 150 g Karotten / 100 g rote Zwiebeln / je 1 rote Paprika und Knoblauchzehe / 2 EL Sesamöl / je 1 EL Apfelsüße und frisch geriebener Ingwer / ½ Chilischote / 100 ml helle Sojasoße

Zubereitung

Pfannkuchen: Dinkelmehl mit Mandeldrink, Margarine, Backpulver und Salz zu einem Teig verrühren und diesen ca. 15 Minuten ruhen lassen. Eine Pfanne erhitzen und mit Öl ausreiben. Eine Kelle Teig hineingeben und in der Pfanne verlaufen lassen. Teig anbacken, wenden und fertig backen. Mit restlichem Teig gleich verfahren. Pfannkuchen im Ofen bei 80 °C warm halten.

Füllung: Pak Choi putzen und etwas zerteilen. Paprika halbieren, Kerngehäuse entfernen und Paprika in feine Streifen schneiden. Karotten der Länge nach in dünne Streifen schneiden Zwiebeln ebenfalls in Streifen schneiden. Knoblauch und Chili fein hacken. Wok erhitzen, Sesamöl hineingeben. Pak Choi, Karotten, Zwiebeln und Paprika darin anbraten. Knoblauch, Chili und Ingwer dazugeben, mit Sojasoße ablöschen, Gemüsebrühe und Apfelsüße dazugeben und alles kurz köcheln lassen.

Zubereitungszeit: ca. 35 Minuten

Nachspeisen

Avocado-Traum

ZUTATEN
3 Avocados / 200 g Seidentofu / 5 EL Apfelsüße / Saft 1 Zitrone / ½ TL frisch geriebener Ingwer / Mark 1 Vanilleschote

AUSSERDEM
150 g vegane Vollkornkekse / 4 Kumquats / 1 Zitronenmelissezweig

Zubereitung

Avocados halbieren, Kerne entfernen und das Fruchtfleisch mit einem Löffel herausschaben und mit Zitronensaft beträufeln. Seidentofu, Apfelsüße, Ingwer und Vanille dazugeben und alles mit einem Stabmixer fein pürieren. Creme ca. 30 Minuten kühl stellen. Vollkornkekse zerbröseln.

Anrichten:

Die Kumquats vierteln und die Blätter der Zitronenmelisse abzupfen. Avocadocreme und Kekskrümel abwechselnd in Gläser schichten. Vor dem Servieren die Creme mit Kumquats und Zitronenmelisse garnieren.

Zubereitungszeit: ca. 20 Minuten / Kühlzeit: ca. 30 Minuten

Anrichten:
Seidentofucreme und Preiselbeeren abwechselnd in Gläser füllen. Obenauf einen Schlag Seidentofucreme geben und alles mit Pistazien und Minze garnieren.

Dessert im Glas »Grantnzipf«

ZUTATEN
400 g Preiselbeeren / 250 g Seidentofu / 200 ml Orangensaft / 100 ml vegane Schlagcreme / 3 EL Ahornsirup / ½ Zimtstange / 6 grüne Kardamomkapseln / 1 TL Kartoffelstärke / ¼ TL gemahlene Vanille / 1 Prise Zimt

FÜR DIE GARNITUR
2 EL gehackte Pistazien / 4 Minzeblätter

Zubereitung
Kardamomsamen aus den Kapseln nehmen und im Mörser frisch mahlen. Seidentofu, Ahornsirup, 1 Prise Zimt, Vanille und Kardamom mit dem Stabmixer pürieren. Creme ca. 3 Stunden kühl stellen. Preiselbeeren waschen und mit Orangensaft und Zimtstange ca. 10 Minuten in einem Topf köcheln lassen. Kartoffelstärke mit etwas Wasser glatt rühren und Preiselbeeren damit binden. Preiselbeeren vom Herd nehmen und auskühlen lassen. Zimtstange vor dem Anrichten entfernen. Vegane Schlagcreme aufschlagen und unter den Seidentofu heben.

Dieses *Grantnzipf* hat nichts mit einem miesgelaunten Menschen zu tun, der einem auf die Nerven geht. Grantn heißen bei uns in Österreich die Preiselbeeren, die auf der Alm wachsen. Jeder, der was auf sich hält, geht nach wie vor im Herbst seine eigenen Grantn klauben(pflücken). Die selbst gemachte Preiselbeermarmelade wird in erster Linie zu Gebackenem serviert. Preiselbeeren sind reich an Vitamin C, Vitamine B1, B2, B3, Beta-Karotin (Provitamin A) und Mineralstoffen vor allem Kalium, Calcium, Magnesium und Phosphat.

Zubereitungszeit: ca. 20 Minuten / Kühlzeit: ca. 3 Stunden

Tipp:

Koriander ist nicht jedermanns Sache. Sie können ihn auch durch Zitronenmelisse oder Minze ersetzen.

Frozen Yoghurt auf Birnen-Carpaccio

FÜR DEN FROZEN JOGHURT
800 g Sojajoghurt / 130 g Seidentofu / 70 g Apfelsüße / Saft 1 Limette / 2 Msp. Guarkernmehl

AUSSERDEM
2 Nashi-Birnen / 4 Johannisbeerrispen / 2 EL gehackter Koriander / Saft 1 Limette / 1 EL Apfelsüße

Zubereitung
Sojajoghurt in ein Geschirrtuch füllen und ca. 2 Stunden abtropfen lassen. Apfelsüße, Limettensaft, Seidentofu, Sojajoghurt und Guarkernmehl mit einem Stabmixer pürieren. Die Masse in die Eismaschine füllen und zu Eis verarbeiten lassen.

Tipp:
Wie lange es dauert, bis der Frozen Yoghurt fertig ist, hängt vor allem von Ihrer Eismaschine ab. Verwenden Sie zum Abtropfen des Joghurts immer ein Geschirrtuch, das Sie vorher ohne Weichspüler gewaschen haben. Besser noch: Waschen Sie das Tuch vor dem Verwenden gründlich unter fließendem Wasser aus.

Anrichten:
Kerngehäuse der Nashi-Birnen ausstechen und Birnen mit einer Aufschnittmaschine oder mit einem Hobel hauchdünn aufschneiden. Die Nashischeiben im Kreis auf die Teller legen. Das Birnen-Carpaccio mit etwas Apfelsüße und Limettensaft beträufeln und mit Koriander bestreuen. Den Frozen Yoghurt als Kugel in die Mitte der Teller platzieren und mit Johannisbeerrispen garnieren.

Zubereitungszeit: ca. 60 Minuten

Geeiste Schokomousse mit Feige

ZUTATEN

400 ml Kokos-Schlagcreme / 100 g Zartbitter-Kuvertüre / 50 g weiße vegane Kuvertüre / 2 EL Ahornsirup / ½ TL gemahlene Vanille

FÜR DIE GARNITUR

150 g Zartbitter-Kuvertüre / 1 Feige / etwas Minze

Zubereitung

Dunkle und weiße Kuvertüre grob raspeln, in eine Schüssel geben und im Wasserbad schmelzen lassen. Schlagcreme aufschlagen, Kuvertüre mit Ahornsirup und Vanille unterrühren. Eine Platte mit Frischhaltefolie überziehen und vier Dessertringe daraufstellen. Schokomousse in die Dessertringe füllen und ca. 1 Stunde in den Gefrierschrank stellen.

Anrichten:

Feige vierteln. Kuvertüre zum Garnieren im Wasserbad schmelzen lassen. Die Schokomousse aus den Dessertringen schneiden, auf Tellern anrichten, mit Feigenvierteln belegen und mit etwas Kuvertüre überziehen. Mit Minzeblättchen garnieren.

Zubereitungszeit: ca. 20 Minuten / Gefrierzeit: ca. 1 Stunde

Johannisbeerkuchen

ZUTATEN

240 g Dinkelmehl / 200 g Johannisbeeren / 150 ml Apfelsaft / je 100 g Rohrohrzucker und Sojajoghurt / 60 ml Sonnenblumenöl / 50 g gemahlene Haselnüsse / 40 ml kohlensäurehaltiges Mineralwasser / abgeriebene Schale ½ Zitrone / 1 TL Vanillezucker / ½ Päckchen Weinsteinbackpulver / 1 Prise Salz

AUSSERDEM

Puderzucker zum Bestreuen

Zubereitung

Dinkelmehl, Zucker, Haselnüsse, Backpulver, Vanillezucker, Zitronenschale und Salz in einer Schüssel gut vermengen. Apfelsaft, Sojajoghurt, Mineralwasser und Sonnenblumenöl dazugeben und alles zu einem glatten Teig verarbeiten. Einen 20 cm großen Tortenring auf ein mit Backpapier belegtes Blech legen, Teig hineinfüllen und Johannisbeeren darauf verteilen. Kuchen im Ofen bei 180 °C ca. 40 Minuten backen. Aus dem Ofen nehmen, auskühlen lassen, aus dem Tortenring schneiden und mit Puderzucker bestreuen.

Zubereitungszeit: ca. 15 Minuten / Backzeit: ca. 40 Minuten

Für 6 Muffins

Anrichten:
Die Schlagcreme steif schlagen. Teller zur Hälfte mit der Himbeersoße begießen. Auf die andere Hälfte der Teller jeweils einen Himbeermuffin platzieren. Das Dessert mit Puderzucker bestreuen und mit Sahne und Zitronenmelisse garnieren.

Lauwarme Himbeermuffins auf Himbeerspiegel

FÜR DIE MUFFINS

250 g glattes Weizenmehl / 200 ml kohlensäurehaltiges Mineralwasser / 180 g Himbeeren / 100 g Tofu / 100 g brauner Zucker / 40 ml Sonnenblumenöl / 2 EL Ananassaft / je ½ TL Weinsteinbackpulver und gemahlene Vanille / 1 Prise Salz

FÜR DIE SOSSE

200 g Himbeeren / 3 EL Apfelsüße / 2 EL Zitronensaft

AUSSERDEM

200 ml vegane Schlagcreme / 2 EL Öl für die Form / 3 EL Zucker / Puderzucker und 4 Zitronenmelissezweige zum Garnieren

Zubereitung

Tofu, Mineralwasser, Sonnenblumenöl und Ananassaft in einen Mixbecher geben und pürieren. Mehl, Zucker, Backpulver, Vanille und Salz in eine Schüssel geben und mit der Flüssigkeit zu einem glatten Teig verarbeiten. Himbeeren waschen und vorsichtig unterheben. Dariolformen mit einem Durchmesser von 6 cm mit Öl auspinseln und mit Zucker ausstreuen. Teig in die Formen füllen und im Ofen bei ca. 180 °C ca. 30 Minuten backen. Nach dem Backen Muffins aus den Formen stürzen. Für die Soße alle Zutaten vermengen, ca. 10 Minuten ruhen lassen, danach durch ein Sieb streichen.

Zubereitungszeit: ca. 15 Minuten / Backzeit: ca. 30 Minuten

Maroneп-Himbeer-Cremeschnitte

ZUTATEN

2 Strudelblätter / je 200 g Seidentofu und Maronenpüree / 200 g Himbeeren / 100 ml vegane Schlagcreme / 4 EL zerlassene vegane Margarine / 3 EL Ahornsirup / 2 EL feiner Kristallzucker / abgeriebene Schale ½ Zitrone / ¼ TL gemahlene Vanille

Zubereitung

Ein Strudelblatt auf ein mit Backpapier belegtes Blech legen, mit zerlassener Margarine bestreichen und dünn mit Kristallzucker bestreuen. Das zweite Strudelblatt darauflegen, nochmals mit Margarine bestreichen und dünn mit Kristallzucker bestreuen. Studelblätter mit dem Messer in ca. 5 x 10 cm große Stücke schneiden. Diese zwölf Strudelstücke im Ofen bei ca. 180 °C goldbraun backen. Vegane Schlagcreme aufschlagen. Seidentofu, Maronenpüree und Ahornsirup pürieren und Vanille, Zitronenschale und Schlagcreme unterrühren. Maronencreme in einen Spritzbeutel füllen. Pro Portion ein Strudelblatt auf einen Teller legen, drei dünne Streifen von der Creme daraufspritzen und den Raum zwischen den Cremestreifen mit Himbeeren ausfüllen. Ein weiteres Strudelblatt obenauflegen und erneut drei Streifen Creme und Himbeeren daraufgeben. Die Cremeschnitten mit einem weiteren Strudelblatt belegen und servieren.

Zubereitungszeit: ca. 40 Minuten

Anrichten:
Die Pfannkuchen einrollen und eingeschlagen auf Tellern platzieren. Orangenragout darübergeben und mit Pistazien bestreuen.

Mohnpfannkuchen mit Orangenragout

FÜR DIE PFANNKUCHEN

150 g Vollkornmehl / 240 ml Sojadrink / 60 g brauner Zucker / 2 EL gemahlener Mohn / 2 EL Sonnenblumenöl / 1 Päckchen Weinsteinbackpulver / 1 Prise Salz

FÜR DAS RAGOUT

Saft von 4 Orangen / 4 Orangen / 3 EL brauner Zucker / je 1 TL Vanillezucker und Kartoffelstärke / 2 cl Orangenlikör

FÜR DIE GARNITUR

2 EL gehackte Pistazien

Zubereitung

Pfannkuchen: Mehl, Zucker, Mohn, Backpulver und Salz vermengen und mit Sojadrink glatt rühren. Teig ca. 15 Minuten ruhen lassen. Eine Pfanne erhitzen und etwas Öl hineingeben. Eine Kelle voller Teig hineingießen und die Pfanne schwenken, um den Teig zu verteilen. Teig anbacken, wenden und fertig backen. Mit restlichem Teig gleich verfahren.

Ragout: Vier Orangen mit einem Messer schälen und filetieren. Zucker in einer Pfanne karamellisieren lassen und mit Orangensaft ablöschen. Vanillezucker dazugeben und auf kleiner Flamme kurz köcheln lassen. Kartoffelstärke mit 2 EL Wasser glatt rühren und den Saft damit leicht binden. Orangenlikör und Orangenfilets in die Soße geben.

Zubereitungszeit: ca. 30 Minuten

Anrichten:

Vor dem Servieren die Orangentörtchen aus den Dessertringen schneiden und auf Teller setzen. Etwas Orangenmarmelade auf der Creme verteilen und mit Himbeeren und Minzeblättchen garnieren.

Rohköstlich!

Orangentörtchen

FÜR DEN BODEN
200 g Mandeln / 120 g entkernte weiche Datteln / 30 g Kokosraspel / Mark 1 Vanilleschote

FÜR DIE CREME
200 ml frischer Orangensaft / 150 g Cashewkerne / 1 Orange / 1 EL Apfelsüße / 1 Msp. Zimt

AUSSERDEM
2 EL Orangenmarmelade / Himbeeren und Minzeblätter zum Garnieren

Zubereitung

Boden: Mandeln am besten über Nacht einweichen. Abgegossene Mandeln, Datteln, Kokosraspeln und Vanillemark im Mixer pürieren. Vier 10 cm große Dessertringe auf einen mit Backpapier belegten Teller stellen. Mandelmasse auf die Ringe verteilen und festdrücken.

Creme: Cashewkerne am besten über Nacht im Orangensaft einweichen lassen. Orange mit einem Messer schälen und filetieren. Die Reste der Orange auspressen und Saft beiseitestellen. Orangenfilets mit abgetropften Cashewkernen, Zimt und Apfelsüße im Mixer fein pürieren. Gerade so viel Orangensaft dazugeben, dass eine cremige Masse entsteht. Orangencreme auf die Mandelböden verteilen und alles ca. 3 Stunden kühl stellen.

Zubereitungszeit: ca. 20 Minuten / Einweichzeit: ca. 12 Stunden / Kühlzeit: ca. 3 Stunden

Für 8 Personen

Schokoterrine an Cranberrykompott

FÜR DIE SCHOKOTERRINE
400 g dunkle Kuvertüre / 200 ml Mandel Cuisine / 2 EL Apfelsüße / 1 TL gemahlenes Vanillepulver

FÜR DAS KOMPOTT
300 g Cranberrys / 1 Apfel / 180 g brauner Zucker / 150 ml Wasser / Saft und abgeriebene Schale ½ Zitrone

AUSSERDEM
2 Strudelblätter / 2 EL zerlassene vegane Margarine / 2 EL Zucker / 50 g gehackte Pistazien zum Garnieren

Zubereitung

Terrine: Eine ca. 750 ml fassende Terrinenform mit Frischhaltefolie auskleiden. Kuvertüre fein reiben und im Wasserbad schmelzen lassen. Apfelsüße und Vanillepulver einrühren. Mandel Cuisine langsam unter die Kuvertüre rühren. Schokoladenmasse in die Terrinenform einfüllen und ca. 4 Stunden in den Kühlschrank stellen.

Kompott: Cranberrys waschen. Apfel schälen, vierteln, Kerngehäuse entfernen und Apfel fein reiben. Cranberrys, Äpfel, Zitronenschale, Zitronensaft, Zucker und Wasser in einen Topf geben und auf kleiner Flamme ca. 10 Minuten köcheln lassen.

Anrichten:
Ein Strudelblatt auf ein mit Backpapier belegtes Blech legen. Dünn mit zerlassener Margarine bestreichen, mit Pistazien und Zucker bestreuen. Ein weiteres Strudelblatt darauflegen, wieder mit Margarine bestreichen, mit Pistazien und Zucker bestreuen. Strudelblätter in sechzehn gleich große Dreiecke (Längseite ca. 8 – 10 cm) schneiden und im Ofen bei ca. 180 °C ca. 10 Minuten backen. Die Schokoterrine stürzen und in Scheiben schneiden. Je zwei Scheiben Schokoterrine mittig auf einen Teller setzen. Cranberrykompott daneben anrichten und das Dessert mit einem Strudelsegel und ein paar Pistazien garnieren.

Zubereitungszeit: ca. 30 Minuten / Auskühlzeit: ca. 4 Stunden

Anrichten:

Das Bananenmus in kleine Schalen füllen, mit Minze bestreuen und auf Tellern platzieren. Die gebackenen Bananen daneben anlegen. Die Teller mit einigen Heidelbeeren garnieren.

Zweierlei von der Banane

FÜR DIE GEBACKENEN BANANEN

4 Apfelbananen / 7 EL kohlensäurehaltiges Mineralwasser / 30 g glattes Weizenmehl / je 20 g Kartoffelstärke und Puderzucker / ¼ TL gemahlene Vanille / 1 Prise Salz / Öl zum Ausbacken

FÜR DAS BANANENMUS

je 1 Banane und Apfel / 1 EL Apfelsüße / Saft ½ Zitrone / 2 Minzezweige / Zimt

FÜR DIE GARNITUR

100 g Heidelbeeren

Zubereitung

Gebackene Bananen: Für den Backteig alle Zutaten in einer Schüssel vermengen und zu einem glatten Teig verarbeiten. Apfelbananen halbieren, durch den Backteig ziehen und in heißem Öl ausbacken. Gebackene Bananen auf Küchenkrepp ein wenig abtropfen lassen.

Bananenmus: Apfel schälen, vierteln, Kerngehäuse entfernen und Apfel in ca. 2 cm große Stücke schneiden. Banane ebenfalls in ca. 2 cm große Stücke schneiden. Obst mit Apfelsüße, Zitronensaft und Zimt in einen Mixbecher geben und mit einem Stabmixer fein pürieren. Minze klein schneiden, etwas für die Garnitur beiseitestellen. Restliche Minze unter das Mus rühren.

Zubereitungszeit: ca. 30 Minuten

Einige Fachbegriffe

ABZIEHEN: eine Flüssigkeit, ob Soße, Suppe oder Gemüsefond leicht binden, also eindicken

ANSCHWITZEN: in Scheiben geschnittene oder gehackte Zwiebeln und sonstiges Gemüse in Fett – ohne Flüssigkeit – bei geringer Hitze garen, ohne zu bräunen

AUFSCHLAGEN: Lockerungsvorgang bei der Zubereitung von Schlagcreme, Soßen oder Cremes. Die Masse wird mit einem Schneebesen, Handrührgerät oder Stabmixer bearbeitet, um sie locker und luftig zu machen.

BLANCHIEREN: kurzes Überbrühen in kochendem Wasser, dient meist als vorbereitendes Kochverfahren. Durch anschließendes Abschrecken des Garguts in Eiswasser behält es seine Farbe. Sensibles Gemüse wie Spinat ist nach dem Blanchieren bereits gar und braucht nur noch gewürzt zu werden. Bei Kohl wirkt sich vorheriges Blanchieren zum Beispiel positiv auf den Geschmack aus.

CHIFFONADE: Dafür werden Salatblätter aufgerollt und in 5 – 10 mm dünne Streifen geschnitten.

CONCASSEE: Von den Tomaten den Strunk entfernen und am oberen Ende die Haut kreuzweise einritzen. Tomaten ca. 10 Sekunden in kochendes Wasser legen, mit dem Schaumlöffel herausheben und in Eiswasser abschrecken. Tomaten häuten, halbieren, das Kerngehäuse mit einem Löffel herausschaben und das Fruchtfleisch der Tomaten in kleine Würfel schneiden.

DARIOLFORM: ist eine kegelförmige Portionsform zur Zubereitung von diversen Speisen

DRESSIEREN: Dressieren heißt, das Kochgut in eine bestimmte Form bringen, z. B. für Torten: Creme mit dem Spritzbeutel in Rosetten-Form dressieren.

JULIENNE: in hauchdünne Streifen geschnittenes Gemüse
(Mein Kochlehrer sagte immer: Reiß dir ein Haar aus, und du weißt, wie dünn es sein soll.)

BRUNOISE: in sehr feine Würfel (ca. 1 – 2 mm) geschnittenes Gemüse, meist Wurzelgemüse

NAPPIEREN: das Überziehen einer Speise mit Soße

SAUTIEREN: schwingend rösten bei großer Hitze oder das Durchschwenken von Gemüse in Margarine (in der klassischen Küche in Butter)

REDUKTION: Flüssigkeit stark einkochen lassen, z. B. Soßen oder Balsamicoessig

POCHIEREN: eine behutsame Garmethoden in viel Flüssigkeit – meist Wasser – bei Temperaturen unterhalb des Siedepunktes. Besonders geeignet für zarte Lebensmittel wie Obst.

GRATINIEREN: Überbacken von Gerichten bei starker Oberhitze, wodurch sich Röstaromen entwickeln

ZESTE: Das ist die dünne Außenschale von Zitrusfrüchten, die das aromatische Zitrusöl enthält. Sie wird meist sehr dünn mit einem Sparschäler, Zestenreißer oder mit einer Reibe von der bitteren, weißen Unterschale entfernt.

Rezeptregister

einfach vegan

für alle

einfach vegan – genussvoll durch den Tag

ISBN 978-3-8434-1055-7

€ 19,95 [D] / 20,60 [A]

einfach vegan – die süße Küche

ISBN 978-3-8434-1081-6

€ 19,95 [D] / 20,60 [A]

einfach vegan – draußen kochen

ISBN 978-3-8434-1105-9

€ 19,95 [D] / 20,60 [A]

Die Rezepte von Roland Rauter machen Lust aufs Nachmachen und Ausprobieren. Nicht der Verzicht auf tierische Produkte oder deren Ersatz stehen bei ihm im Vordergrund, sondern das Entdecken der Vielfalt der veganen Ernährung.

Von Christstollen bis Zimtstern
Vegane Weihnachtsbäckerei
ISBN 978-3-8434-5056-0
€ 6,95 [D] / 7,20 [A]

Vegane Pausensnacks
für Groß und Klein
ISBN 978-3-8434-5071-3
€ 6,95 [D] / 7,20 [A]

Der Koch

Roland Rauter ist gelernter Koch und seit Jahren Veganer aus Überzeugung. Nach der Kochlehre zog es ihn in seinen Wanderjahren durch Küchen im In- und Ausland, wobei er auch in der Spitzengastronomie gearbeitet hat. Mit seinen Büchern möchte er zeigen, dass die vegane Ernährung eine genussvolle Alternative zum Verzehr von tierischen Produkten ist. Außerdem veröffentlicht Roland Rauter im »Engelmagazin« und in seinem Blog regelmäßig neue Rezepte.

www.rolandrauter.at

Die Fotografin

Alexandra Schubert fotografiert und dekoriert mit viel Liebe bis ins kleinste Detail. Seit 2010 arbeitet die gelernte Werbefotografin auch im Bereich Foodfotografie und hat unter anderem für das »Engelmagazin« schon viele schmackhafte Gerichte in Szene gesetzt.

www.myshoots.de

Fotografie Roland Rauter S. 8/232: Claudia Bachlechner / www.die fotograefin.at